BUDISMO
EM SETE LIÇÕES

Dados Internacionais de Catalogação na Publicação (CIP)
(Câmara Brasileira do Livro, SP, Brasil)

Andrade, Clodomir B. de
  Budismo em sete lições / Clodomir B. de Andrade. –
Petrópolis, RJ : Vozes, 2021. – (Coleção Religiões em Sete Lições)

  Bibliografia.
  ISBN 978-65-5713-380-4

  1. Budismo – Doutrinas 2. Budismo – Ensinamentos
I. Título. II. Série.

21-78150   CDD-294.34

Índices para catálogo sistemático:
1. Budismo : Ensinamentos   294.34

Cibele Maria Dias – Bibliotecária – CRB-8/9427

CLODOMIR B. DE ANDRADE

BUDISMO
EM SETE LIÇÕES

EDITORA VOZES

Petrópolis

© 2021, Editora Vozes Ltda.
Rua Frei Luís, 100
25689-900 Petrópolis, RJ
www.vozes.com.br
Brasil

Todos os direitos reservados. Nenhuma parte desta obra poderá ser reproduzida ou transmitida por qualquer forma e/ou quaisquer meios (eletrônico ou mecânico, incluindo fotocópia e gravação) ou arquivada em qualquer sistema ou banco de dados sem permissão escrita da editora.

CONSELHO EDITORIAL

Diretor
Gilberto Gonçalves Garcia

Editores
Aline dos Santos Carneiro
Edrian Josué Pasini
Marilac Loraine Oleniki
Welder Lancieri Marchini

Conselheiros
Francisco Morás
Ludovico Garmus
Teobaldo Heidemann
Volney J. Berkenbrock

Secretário executivo
Leonardo A.R.T. de Souza

Diagramação: Sheilandre Desenv. Gráfico
Revisão gráfica: Lorena Delduca Herédias
Capa: Ygor Moretti

ISBN 978-65-5713-380-4

Editado conforme o novo acordo ortográfico.

Este livro foi composto e impresso pela Editora Vozes Ltda.

Sumário

Apresentação, 7
Introdução, 11

Primeira Lição, 19
O caminho do Buda, 19
   1.1 A vida do Buda, 19
   1.2 O contexto cultural e religioso da vida do Buda, 39

Segunda Lição, 53
Os ensinamentos budistas: o Dharma, 53

Terceira Lição, 81
A natureza do Buda e o Despertar, 81
   3.1 Budas e Bodhisattvas, 81
   3.2 A natureza do Despertar (Nirvana/Bodhi), 92

Quarta Lição, 101
A transmissão e elaboração do Dharma, 101
   4.1 Os conjuntos de textos fundantes, 101
   4.2 O Mahayana, 117

4.3 O Budismo Tântrico, 127

4.4 A Expansão do Budismo para fora da Índia, 137

Quinta Lição, 149

A Sangha, 149

    5.1 Conversão, 153

    5.2 Iniciação, 157

    5.3 Confissão, 159

    5.4 Os estágios do caminho, 162

Sexta Lição, 175

As práticas rituais e meditativas budistas, 175

    6.1 Meditação, 184

    6.2 Ética e Política, 206

Sétima Lição, 209

A cultura material budista: a arquitetura e as artes, 209

    7.1 Arquitetura e artes plásticas, 209

    7.2 Literatura, 217

Conclusão, 231

Dedicatória, 235

Referências bibliográficas, 236

    Indicações de livros para conhecer mais sobre o Budismo, 238

Apresentação

As múltiplas tradições religiosas e espirituais da humanidade são testemunhas do esforço humano por refletir a existência em seus muitos aspectos: pessoais, sociais, históricos, cosmológicos. Elas recolhem, guardam, sintetizam, expressam variadas dimensões da trajetória humana. E isto já há milhares de anos. Ao mesmo tempo, as tradições religiosas são sistemas vivos e dinâmicos, continuam a suscitar na atualidade reflexões, admiração, devoção e até curiosidade; mas também controvérsias, críticas e dúvidas. É inegável, entretanto, que as religiões têm um lugar muito importante na história da humanidade e não se poderia entender as sociedades atuais sem entender o papel que nelas as religiões desempenham. Isto se torna muito claro especialmente em nosso país onde mais de 90% das pessoas se declaram pertencentes a alguma religião ou afirmam acreditar em Deus, mesmo que não possuam vínculos institucionais religiosos.

A Coleção Religiões em sete Lições quer apresentar a seus leitores e leitoras esta rica herança. O número sete foi escolhido pela enorme carga simbólica que carrega em diversas religiões. Nossa lista poderia ser bem longa, mas, para exemplificar, citamos apenas alguns elementos. Para o Judaísmo e o Cristianismo, o mundo foi criado em sete dias; na Umbanda, as entidades espirituais são comumente abrigadas em sete linhas; no Islã fala-se dos sete céus, e a estrela de sete pontas tem valor mágico para diversas tradições religiosas. Assim, consideramos interessante trazer todo esse simbolismo do número sete para nossas lições.

Esta coleção tem como ponto de partida a convicção de que cada tradição religiosa é portadora de uma herança sapiencial. Por isso ela pretende em cada um de seus volumes apresentar uma tradição religiosa, para que leitoras e leitores possam aproximar-se dessa sabedoria memorável. Não é intuito dos textos convencer as pessoas à adesão religiosa nem comparar os sistemas religiosos entre si, muito menos os criticar, mas tão somente ser um instrumento de conhecimento e compreensão da respectiva religião. A coleção é composta de obras com caráter introdutório para aqueles e aquelas que desejam adquirir um conhecimento básico sobre determinada religião, de forma que os estudos acadêmicos realizados em centros de ensino e pesquisa sobre os diversos sistemas religiosos se tornem mais acessíveis e divulgados, ultrapassando os espaços das universidades. Com uma linguagem direta e objetiva, a coleção se destina a um público amplo, desde estudantes e professores do campo das Ciências Humanas até qualquer pessoa interessada no tema religião.

Dado que os sistemas religiosos possuem muita variedade em termos de história, organização, doutrina e vivência, optou-se por uma estrutura comum a ser seguida em todas as obras, composta por sete capítulos – daí as sete lições. Mesmo que os capítulos e subcapítulos de cada volume tenham títulos diversificados, eles estão guiados pelo seguinte roteiro: (1) um panorama histórico do surgimento e da expansão da respectiva tradição; (2) uma apresentação das doutrinas e dos ensinamentos que a distinguem e caracterizam; (3) a compreensão de divindade, seres superiores-espirituais, sagrado ou transcendência – ou a ausência desta dimensão – na religião apresentada; (4) as narrativas fundantes ou mitológicas, bem como os textos sagrados, quando houver; (5) a organização institucional e a estrutura hierárquica na respectiva religião; (6) os ritos e as celebrações com suas formas, cronogramas e significados; e (7) a dimensão material pela qual a respectiva religião se faz apresentar, como símbolos, arte, templos etc.

Para inaugurar a nossa Coleção, escolhemos o Budismo, justamente por ser uma tradição religiosa oriental ainda bastante desconhecida pela maioria das pessoas em nosso país, embora a religião já se faça presente no Brasil desde o começo do século XX e nosso imaginário sobre ela já tenha sido aguçado por filmes de sucesso, como *O Pequeno Buda*, *7 anos no Tibet*, *Kundun*, dentre outros.

Budismo em sete Lições, de Clodomir B. de Andrade, enfrenta o desafio de nos mostrar a diversidade de tradições que são inerentes ao universo budista e, na impossibilidade de abarcar todas, opta por tratar do Budismo indiano, originário e base para as demais ramificações desta tradição. Nosso autor – filósofo e cientista da religião – possui diversas pesquisas e obras publicadas sobre o tema. Ao final do livro, pode-se encontrar indicações de outras obras que servirão como um pequeno guia para as pessoas que tiverem interesse em se aprofundar na temática.

Finalmente, esperamos ainda que a Coleção Religiões em sete Lições possa contribuir também para uma cultura de paz e para o respeito à diversidade religiosa, pois, embora se divulgue que no Brasil não há guerras religiosas, as pesquisas mostram o quanto a intolerância religiosa faz vítimas entre nós, especialmente no caso das religiões minoritárias. Assim, ao apresentar a diversidade religiosa a um grande público, fazemos com que o desconhecido se torne mais conhecido, o que pode ser um fator importante para redução ou diluição de preconceitos com relação a uma determinada religião.

Desejamos a todas as pessoas uma excelente leitura e aguardamos ansiosos a crítica do público!

Dilaine Soares Sampaio e Volney J. Berkenbrock
Coordenadores da Coleção Religiões em Sete Lições

Introdução

Toda e qualquer tradição espiritual vive, se alimenta e se reproduz baseada numa promessa: a salvação da alma, o gozo de uma bem-aventurança eterna na presença de uma divindade, uma experiência de unicidade profunda com toda a existência – as promessas são variadas. No caso budista, a promessa feita é de outra natureza: o despertar (*buddhi*); um despertar radical, no qual entramos em contato com a dimensão mais profunda da nossa natureza e com a verdadeira constituição da realidade. O Budismo afirma que a vida que levamos corriqueiramente no estado de vigília – nesta vida que vivemos acordados, na qual as coisas parecem reais, duradouras e promissoras – não passa de uma profunda ilusão. É somente a nossa miopia que faz com que enxerguemos os seres e fenômenos como sendo substanciais, permanentes e portadores de felicidade. A tradição budista entende que, na realidade, seres e fenômenos nada mais são do que conglomerados de elementos fluidos, impermanentes e, quando nos apegamos a eles, dolorosos.

Naturalmente, como toda grande tradição espiritual, o Budismo é um fenômeno complexo e multifacetado, que pode ser enxergado através de inúmeras perspectivas e que, dada a sua extraordinária expansão histórica, geográfica e cultural, aglutinou uma série de características, sabores e cores locais. Contudo, para nós, ocidentais, criados numa tradição espiritual monoteísta e numa visão de mundo substancialista, onde coisas e seres existem de forma atômica e autárquica, separados uns dos outros, o Budismo representa um desafio cognitivo considerável. Mais do que seres, processos fluidos; mais do que fenômenos independentes, uma rede diáfana de energias que se organizam e se desorganizam a partir de causas e condições interdependentes. Sem um Deus ao qual possamos pedir ajuda ou do qual podemos obter uma graça, sem uma alma pura e perfeita, criada à semelhança do seu criador à qual podemos ter acesso, o Budismo entende que é somente através do nosso próprio esforço físico e mental, e da nossa dedicação à prática constante de um conjunto de valores e exercícios espirituais, que podemos atingir a condição ótima humana: a experiência do despertar. Essa promessa do despertar exige de nós a adoção de um conjunto de práticas e de crenças que, à primeira vista, para nós ocidentais, parecem contraintuitivas: insubstancialidade, vacuidade, impermanência, a onipresença do sofrimento e da angústia da condição humana. Todo esse vocabulário, alheio à nossa herança religiosa e filosófica, pode causar dificuldades para aqueles que se aproximam da tradição budista pela primeira vez. O cultivo das virtudes, a prática da meditação e o exercício da sabedoria enfeixam o caminho proposto por essa tradição que, por vezes, sequer é considerada uma "religião", mas sim uma filosofia, um modo de vida. Tanto assim que, para os orientais, nada impede que alguém seja um budista praticante e abrace, ao mesmo tempo, um conjunto de práticas e crenças de origem distinta. Para nós, ocidentais, isso é inconcebível, já que, de acordo com os monoteísmos judaico, cristão e muçulmano, a crença num conjunto de teses (a existência de Deus, de profetas exclusivos e de uma verdade única) veda a pertença a qualquer outro tipo de filiação espiritual que não aquela prescrita por aquelas tradições. Nada disso ocorre em ambientes budistas. Um budista devoto pode – e geralmente o faz – acreditar em algumas divindades e lhes prestar reverências, aceitar que existem vários caminhos verdadeiros para o progresso espiritual e praticar rituais que não estão previstos na tradição budista. Nada disso implica qualquer tipo de "heresia" ou condenação oficial. As espiritualidades de origem oriental, dentre as quais o Budismo se destaca pelo número de aderentes e pela envergadura do seu alcance, possuem uma elasticidade em termos de práticas, crenças e valores que não podem ser enxergadas pelas janelas das espiritualidades monoteístas ocidentais. É por causa desses e de outros motivos que a tradição budista pode causar alguns estranhamentos para aqueles que não estão familiarizados com ela. Por nunca ter tido uma sede unificada, como, por exemplo, Roma, ou o Templo de Jerusalém, de onde emana um conjunto de crenças consideradas exclusivamente verdadeiras ("ortodoxas"), o Budismo – junto com outras tradições espirituais de origem oriental – pode ser chamado muito mais de "ortopraxia", isto é, um conjunto de práticas que, uma vez praticadas corretamente, conduzem a uma certa finalidade espiritual. Tais práticas são consideradas muito mais importantes do que a fé em um conjunto fechado e exclusivo de crenças, na medida em que todo e qualquer ensinamento espiritual deve levar em conta a multiplicidade da natureza dos buscadores espirituais. Tal "customização" espiritual é uma característica saliente do Budismo, em que os meios hábeis (*upaya*) para a condução dos seres à libertação desempenham uma função primordial. Vale dizer, devido à enorme variedade de buscadores espirituais, não faz sentido um único caminho ou um único conjunto de práticas e valores que pudessem conduzir todos os diferentes tipos de buscadores ao objetivo final. Essa sensibilidade pedagógica se tornou particularmente fértil e importante quando o Budismo se espraiou do seu ambiente indiano original e se encontrou com diferentes culturas espirituais. Na China, por exemplo, o Budismo se aproximou do Taoísmo nativo; no Japão, do Xintoísmo; no Tibete, das tradições Bön. Por ser tão plástico, o Budismo influenciou e foi influenciado de tal maneira por essas particularidades societárias, religiosas e laicas, que, em seus desenvolvimentos e transformações históricos, gerou híbridos e sínteses e sincretismos que continuam a desempenhar um papel importantíssimo na tradição: daí se poder falar de Budismo chinês, japonês e tibetano de forma específica. É também por esse motivo que o trabalho que se segue possui alguns problemas que devem ser mencionados aqui. Numa tradição de mais de dois mil e quinhentos anos que atravessou culturas, terras, línguas e sociedades tão distintas, como podemos falar de um "Budismo" no singular? Assim como todas as outras grandes religiões universais, como o Cristianismo e o Islamismo, ao referir-se a elas no singular, corre-se o risco de se fazerem algumas generalizações que, se em alguns contextos se revelam verdadeiros, em outros podem soar problemáticos. Para utilizarmos um exemplo mais próximo de nós: como encontrar um fio condutor universal para falar com precisão dos vários Cristianismos católicos, ortodoxos e protestantes? Por outro lado, sabemos que por mais díspares que as crenças e práticas daqueles vários Cristianismos sejam, todos eles, sem exceção, subscrevem a crença na existência de um só Deus, na centralidade de Jesus como seu único filho, na Trindade e num conjunto de crenças e práticas que, não obstante as suas diferenças, ainda assim podem ser caracterizadas como "cristãs". Por isso, essa é uma limitação que devemos aceitar ao falar do "Budismo" no singular, pois, como seria possível abarcar aqui, ao longo dessa pequena introdução, o extraordinário acervo espiritual, cultural e civilizacional produzido pela tradição? Nesse sentido – e é importante frisar este ponto –, optou-se pelas generalizações possíveis que permitem enxergar, nas suas manifestações particulares, toda a extraordinária riqueza, beleza e profundidade do caminho budista. Tal desafio será constante ao longo deste trabalho que, desde já repetimos, se pretende uma introdução geral àquilo que se convencionou chamar de "Budismo", destacando, ao longo do caminho, aquilo que é comum a todas as tradições budistas, podendo, nesse sentido geral, ajudar a melhor compreender as ramificações locais daquela enorme e fertilíssima tradição. Por isso, ao longo deste livro, a ênfase nos conceitos e na prática será circunscrita ao Budismo indiano, origem e pano de fundo de todos os desenvolvimentos posteriores da tradição.

Foi por causa deste foco no Budismo indiano, também, que se optou, ao longo do texto, por apresentar os conceitos mais importantes da tradição em somente dois dos incontáveis idiomas que foram utilizados por essa religião: o Sânscrito, a língua clássica da espiritualidade e da cultura indiana antiga que, apesar de num primeiro momento não ter sido utilizado pela tradição – não sabemos qual era a língua originária que o Buda falava e pregava –, logo foi incorporada ao seu impressionante acervo linguístico; e o Páli, nome genérico que foi dado a um dialeto prácrito antigo, a língua que foi utilizada para registrar o primeiro cânone completo da tradição que possuímos na sua inteireza. Todavia, como a grafia do Sânscrito e do Páli possue uma série de sinais característicos que modificam o som das letras, os chamados "sinais diacríticos", e que podem causar dificuldade de leitura para aqueles que não estão familiarizados com eles, optou-se por uma simplificação da grafia do Sânscrito e do Páli, procurando aproximá-los da pronúncia em português. Portanto, é importante lembrar que boa parte das expressões originais usadas ao longo deste trabalho se escreve de modo diferente daquelas aqui apresentadas.

Nossa caminhada pelos sendeiros do Budismo nos levará, num primeiro momento, para a região do Terai, uma região de selva naquilo que hoje é o Nepal, a poucos quilômetros da fronteira com a Índia. Foi lá, nas franjas meridionais do Himalaia, a maior cadeia de montanhas do planeta, que surgiu aquele que seria elevado à condição de "guia dos humanos", "o melhor dos seres", aquele que foi conhecido por muitos nomes, apelidos e títulos, o Buda. É importante lembrar, desde já, que a expressão "Buda" não é um nome próprio, mas a condição ótima da existência humana; Buda significa "aquele que despertou, o desperto" (do Sânscrito/Páli *'Buddha'*, da raiz *BUDDH*, 'despertar'), um estado que todos podem alcançar, caso estejam preparados para seguir o "Nobre Caminho Óctuplo", um conjunto de práticas e teses que pretende conduzir os seres humanos da condição de sofrimento e ignorância para um estado de tranquilidade e sabedoria. Assim, percorrer o sendeiro budista, ou como a própria tradição caracteriza o processo, "entrar na correnteza", implica iniciar uma aventura, uma viagem que possui dia e hora para começar, mas que não possui prazo para terminar: nesta, na próxima ou em alguma outra vida futura, o limite final da viagem é alcançar aquele estado inconcebível, incomunicável e supremamente pacífico e sábio, o Nirvana, a "outra margem do turbulento rio do *Samsara*", o rio dos fenômenos deste mundo, a ronda constante de ignorância e desejo. Para tanto, para cruzar para a outra margem, para o remanso da outra margem do rio, é necessário um barqueiro experiente, o Buda; um bom barco, o Dharma; e, como sempre, companheiros e companheiras de travessia, a Sangha. Por isso, só nos resta desejar agora uma boa viagem, ou melhor, uma boa travessia.

Primeira Lição

O caminho do Buda

1.1 A vida do Buda

"Eu tomo refúgio no Buda, eu tomo refúgio no Dharma, eu tomo refúgio na Sangha". Esta fórmula tríplice, repetida há mais de 2.500 anos em dezenas de línguas, marca a tomada de refúgio na tradição budista, ou seja, a sua recitação marca a pertença de um ser humano a uma das mais antigas e influentes tradições espirituais da humanidade. Ela não é simplesmente uma fórmula iniciática ou uma oração; ela marca a adesão voluntária de alguém ao conjunto de ensinamentos e práticas, o Dharma, criados e desenvolvidos pela Comunidade Budista, a Sangha, uma fraternidade espiritual fundada (ou refundada) pelo Buda, o Desperto, o mestre exemplar que trilhou e mapeou o caminho que conduz à Iluminação. Esses três aspectos, o Buda, o Dharma e a Sangha, são chamados, em conjunto, de "as três joias do Budismo" (*trayaratna*) e, para nós, marcam o perímetro da nossa aventura pelas trilhas de um universo espiritual que remonta a um pequeno grupo de renunciantes liderados pelo mestre, Siddharta Gautama, o sábio da tribo Shakya, o Shakyamuni; essa tradição nasce, ou renasce, no século VI a.e.c., cresce e se desenvolve na região Sudeste do Himalaia, que hoje engloba partes da Índia e do Nepal, e de lá se desloca, seguindo as rotas das caravanas, para o restante do subcontinente indiano. Mais tarde, apoiados por grupos e monges, patronos laicos e, depois, por governos locais, nacionais e transnacionais, ele chega ao Sri Lanka e ao Sudoeste asiático; posteriormente, concomitante com o surgimento de várias escolas budistas, num movimento que ficou conhecido como Mahayana, ele cruza as montanhas himalaicas para a Ásia central, uma encruzilhada antiga de diversas civilizações e, de lá, caminhando lentamente pela antiga Rota da Seda junto com as caravanas, bordeando dois desertos, de cidade-oásis em cidade-oásis, alcança aquela região que hoje chamamos de China; ainda hoje as areias douradas dos desertos que cercam Dun-huang, Kashgar, Khotan e Turfan revelam tesouros artísticos e literários budistas. Da China, sempre se transformando, a tradição chega à Coreia, cruza o Mar da China para o

Japão e, finalmente, através das migrações de populações orientais para o Ocidente, o Budismo se espraia pelo mundo afora, inclusive para o Brasil, onde, com o influxo da migração japonesa nos séculos XIX e XX, nossa sociedade entra em contato com a tradição. Hoje, o Budismo deixou de ser uma espiritualidade restrita a uma comunidade civilizacional, o chamado Budismo étnico, praticado somente por descendentes daquelas migrações, e é, atualmente, uma das principais religiões do mundo com, segundo as últimas estimativas, mais de um bilhão de aderentes por todo o globo, com uma expressiva parte destes sendo constituída por ocidentais que não possuem nenhum tipo de vínculo étnico com populações do Oriente. Em todo o Ocidente, nas suas principais cidades e em inúmeras comunidades, inclusive no Brasil, pode-se encontrar quase todas as formas, vertentes e tradições budistas. Estudos indicam que o Budismo é a segunda religião que mais cresce no Ocidente, ficando atrás somente do Islamismo, que também cresce aceleradamente no mundo ocidental, mas por razões distintas e em grupos socioeconômicos de perfis diferentes. Os estudos que procuram compreender o impressionante crescimento do Budismo no Ocidente apontam de forma nítida para aquilo que atraiu a maioria dos ocidentais para aquela tradição: a prática da meditação. A meditação, parte decisiva do caminho espiritual budista, pode ser hoje encontrada em diversas formas: desde as mais diluídas, através da popularização das academias de ioga e dos chamados grupos de espiritualidade sincrética *nova-era*, passando por spas que oferecem pacotes de *wellness* (bem-estar) compostos por meditação, alimentação especial, massoterapias e retiros em locais sofisticados, até núcleos bem articulados e já sedimentados de vários ramos da tradição budista, principalmente os da tradição *Theravada*, e muitas das ramificações do Zen-Budismo, do Budismo Tibetano, das tradicionais escolas devocionais japonesas – junto das chamadas Novas Religiões Japonesas – e, mais recentemente, das "tradições da floresta", oriundas das escolas de meditação *Vipassana* birmanesas e tailandesas. Organizações laicas, que procuram difundir o Budismo através da disseminação de textos da tradição, como a *Sokko Gakkai*, também possuem um importante raio de ação. O Censo do IBGE de 2010 apontou o número de 243.966 de pessoas que se autodeclararam budistas no Brasil. Todas aquelas expressões da espiritualidade budista, além de incontáveis outras, apesar de profundamente diferentes em muitos aspectos, remontam ao mesmo homem: Siddhartha Gautama. E é hora de voltarmos vinte e cinco séculos, para a região de selva do Nepal, para tentar conhecê-lo melhor.

As biografias espirituais são conhecidas pelo nome técnico de *hagiografia*, isto é, "histórias sagradas", que objetivam recontar os principais eventos da vida de uma personalidade religiosa de forma exemplar. No caso budista, a vida de seu fundador histórico, Gautama, é apresentada em diversos textos, alguns dos quais em primeira pessoa pelo próprio Gautama, quando ele relembra fatos da sua vida para os seus discípulos. Por isso, em comparação com a vida de outros fundadores de religiões antigas, como Jesus ou Mohamed, a vida de Gautama é uma das mais bem conhecidas. Contudo, apesar de relativamente bem conhecida, a tradição parece ter sentido a necessidade de embelezar e inflar sobremodo a narrativa em alguns pontos, buscando, através dela, transmitir alguns ensinamentos de forma alegórica. Despida de suas porções mais controversas, a trajetória histórica de Gautama – seu nome de família, o seu suposto nome próprio "Siddhartha", ("todos os desejos satisfeitos") só iria surgir mais tarde na tradição – pode ser resumida brevemente como se segue.

Evam maya shrutam. Assim eu ouvi. Esta expressão é a fórmula de abertura tradicional de boa parte dos ensinamentos do Buda, e, através dela, tomamos contato com a tradição que nos relata que Gautama nasceu num bosque de salgueiros, num parque chamado Lumbini, a pouca distância da cidade de Kapilavastu, cidade-estado da tribo Shakya, uma das muitas entidades políticas autônomas que existiam no Nordeste da Índia em meados do século VI a.e.c. A tribo Shakya era cercada por vizinhos poderosos, principalmente os reinos de Koshala e Maghada, este último se tornando hegemônico no Norte da Índia durante a vida do Buda e absorvendo tanto Koshala quanto Shakya. O pai de Gautama, Shuddhodana, era provavelmente um dos membros da oligarquia que governava a sua tribo; sua mãe, Mayadevi, nobre da tribo Kolya, seguindo a tradição, se dirigia para a sua aldeia natal para ter a criança quando as dores do parto a alcançaram no meio do caminho. Como o calendário indiano antigo é lunar, o Buda teria nascido num dia de uma noite de lua cheia no meio da Primavera-Verão. Foi no Bosque Lumbini, então, que hoje se encontra bem próximo à fronteira entre a Índia e o Nepal do lado nepalês, amparada em um grande salgueiro, que Mayadevi, de pé, deu à luz o seu bebê. Dependendo da vertente budista seguida, o seu nascimento teria ocorrido durante o dia da lua cheia do mês de Vesak (abril-maio), em 566 ou 563 a.e.c. Essas datas são motivo de controvérsia no ambiente acadêmico ocidental, mas os vários ramos da tradição são relativamente unânimes em relação a elas, mesmo que diferindo em alguns anos. Voltando para Kapilavastu, já que não havia mais a necessidade de retornar à sua vila, Mayadevi adoece e, sete dias após o nascimento de seu filho, vem a falecer. A criança seria criada por Mahaprajapati, sua tia, que viria a desempenhar um papel importante na fundação da comunidade budista feminina originária, como veremos mais tarde. Um fato registrado e sublinhado pela tradição é o aparecimento, na porta da residência de Shuddhodana, de um conjunto de ascetas que, vindos das vastidões do Himalaia, liderados por Asita Devalaya, pedem para ver a criança recém-nascida. Asita estuda pormenorizadamente o corpo de Gautama e declara, para a alegria e preocupação do seu pai, que o bebê possuía todas as características (trinta e duas marcas principais e oitenta secundárias) de um ser extraordinário. Segundo Asita, caso o jovem Gautama viesse a seguir o seu papel social de xátria – basicamente o governo e a guerra –, ele se tornaria um grande monarca, um imperador. Caso ele abandonasse aquele papel e se tornasse um renunciante, um daqueles ascetas que povoam as matas e montanhas da Índia em busca de autoconhecimento desde tempos imemoriais, ele se tornaria um Buda. Mais do que isso, a tradição nos conta que, subitamente, Asita começou a rir; logo em seguida, começou a chorar. Preocupados, os parentes do bebê indagam a Asita o motivo do riso e do choro. Asita responde: "acabo de ver que ele se tornará um renunciante, um Buda". "E por que o choro?", perguntam: "Porque, infelizmente, eu já vou estar morto e não vou ouvir os seus ensinamentos". A declaração de Asita, contudo, enche Shuddhodana de apreensão. A partir daí, seu pai fará todo o possível para cercar o jovem Gautama de todo tipo de luxo e distrações que impedissem que ele viesse a abandonar a ocupação tradicional da sua casta e a sua família. A tradição nos conta que Gautama, um jovem muito inteligente, logo dominou o conhecimento disponível e que se destacava, também, como um exímio arqueiro. Gautama crescia como qualquer outro jovem guerreiro, até que um dia seu pai o levou para um Festival da Semeadura no campo. O próprio Siddhartha relata o episódio para os discípulos. Ele nos conta que, como estava um dia muito quente, ele buscara a sombra de uma macieira para se sentar. Depois de algum tempo sentado, de repente, sem qualquer ato deliberado da sua parte, o seu corpo assume a postura clássica da meditação: pernas cruzadas, tronco ereto e os braços repousando sobre as coxas. Ele afirma que entrou em um estado meditativo profundo e, para o assombro de todos, a sombra da macieira permaneceu parada, mesmo com o passar do tempo. Lá, sentado sob a macieira, o futuro Buda observa um camponês lavrando a terra. Então, ao dar com a enxada no solo, o jovem Gautama percebe que uma minhoca havia sido cortada em duas pelo camponês; segundo Siddhartha, aquilo enche o seu coração de tristeza e compaixão, e ele exclama: "será que toda a vida está fadada ao sofrimento e à dor?"

Percebemos que, ao se preocupar em relatar tal episódio, a tradição o considera um ponto de inflexão na vida do jovem guerreiro que, provavelmente, já estava familiarizado, também, com outras situações quando a violência abrevia a existência. O jovem, contudo, segundo os relatos, cresce em graça, beleza e força e, conforme a tradição, ainda moço se casa com uma prima sua, Yasodhara, celebrada como moça de grande virtude e beleza. O pai de Siddhartha, porém, não havia esquecido as palavras de Asita acerca do destino do seu filho e continua cercando Gautama de todo luxo e prazer possível. Mais tarde, o Buda recordaria a situação de afluência da sua juventude aos seus discípulos, dizendo que ele possuía três casas, uma para o Verão, uma para a Primavera e outra para a estação das chuvas. Ele conta que todos na sua casa comiam carne, até os empregados, e que durante a estação das chuvas ele permanecia durante três meses no terraço de uma dessas residências, cercado de música, dançarinas, comida e bebida. Esta história é importante porque marca uma das polaridades ilustrativas da vida de Gautama e aponta para a natureza do "caminho do meio" budista, que ele viria a preconizar após iniciar o seu magistério: a equidistância tanto do luxo e da sensualidade da sua juventude quanto da pobreza radical e do ascetismo severo após a sua renúncia. Gautama, então, vivia cercado de luxos e mimos providenciados pelo seu pai, que ia ao extremo de jamais permitir que o jovem Siddhartha visse ou presenciasse sofrimento, dor, velhice ou morte em animais, humanos e até mesmo flores. A clausura luxuosa e sensual era uma gaiola de ouro para evitar que as palavras de Asita se materializassem: Siddhartha só deveria ver beleza, alegria e prazer.

Porém, quis o destino que, um dia, Gautama saísse de sua residência luxuosa na companhia de seu pajem e se perdesse pelas vielas de Kapilavastu. Ao adentrar os becos mais miseráveis do bairro dos oleiros, Siddhartha tem quatro encontros que iriam transtorná-lo de tal maneira que a vida, como ele havia conhecido até então, perderia todo o sentido. Ao se aproximar de um beco sem saída, ele enxergou, nas sombras, uma figura estranha: um ser curvado sobre si, encarquilhado, enrugado, sem dentes. Aquilo chamou a atenção de Siddhartha de tal maneira que ele perguntou ao seu empregado: "o que é isso?" Chandaka, o seu pajem, respondeu: "isso é um idoso, um velho, um homem próximo da morte". Assustado, de acordo com a narrativa, Siddhartha retrucou: "por que isto aconteceu com ele?" Chandaka responde que aquele era o caminho natural de todos os seres vivos. Agora apavorado, o jovem perguntou: "isso vai acontecer comigo também?" "Vai, sim", respondeu o provavelmente desconfortável pajem. "Este é o caminho que todos os seres devem seguir". Atordoado, Gautama dá as costas à cena e procura sair rapidamente dali. Este seria o chamado "Primeiro Encontro", que mudaria a vida do jovem. Porém, se afastando do local, ainda no emaranhado de vielas do bairro dos oleiros, Siddhartha sentiu um forte cheiro e ouviu gemidos. Ao se aproximar da origem do cheiro e dos sons, ele viu outra coisa ainda pior: um corpo retorcido em dores, coberto de fezes e urina; chocado, ele pergunta a Chandaka: "o que é aquilo ali?" "Aquilo, Mestre Gautama, é um doente". De novo, a mesma sequência de dúvidas e perguntas. A resposta foi exatamente a mesma. Aquilo acontecia com todos e aconteceria também com ele, Siddhartha. Aquele havia sido o "Segundo Encontro". Aturdido, o jovem tenta retornar para casa, quando ele começa a ouvir cantos e gritos, e logo ele avista um grupo de pessoas carregando uma maca com um corpo coberto. A dor evidente do grupo e o choro de todos congelam Gautama. Mais uma vez ele pergunta ao infeliz Chandaka o que era aquilo. Chandaka lhe conta a verdade. Aquilo é um morto, um corpo sem vida, que logo iria apodrecer e ser consumido pelos animais ou pelas chamas, nosso destino comum final. Aquele foi o "Terceiro Encontro". Velhice, doença, morte. Foi um dia difícil para o jovem Siddhartha. Transtornado, voltando em pânico para a sua luxuosa residência depois de tais acontecimentos traumatizantes, Siddhartha vê, então, uma estranha figura, sentado em meditação sob a copa de uma árvore. A serenidade do rosto, a imponência e nobreza da figura chamam a atenção do jovem que, então, pergunta para o seu companheiro de desventuras: "quem é aquele?" Finalmente Chandaka sorri e se estende na explicação. "Ah! Aquele é um renunciante, um asceta, uma pessoa que se dedica exclusivamente à busca da sabedoria e da libertação do sofrimento e da ignorância" – podemos imaginar o aliviado Chandaka falando. Siddhartha olha demoradamente para o asceta. Nada fala e retorna para casa.

Em casa, Siddhartha cai em profunda depressão. A única boa notícia naqueles dias foi a de que a sua esposa, Yasodhara, estava grávida. Logo ele seria pai e, posteriormente, herdaria o cargo e as responsabilidades do seu pai. Vida, morte; doença, segurança; velhice, juventude. E a figura serena daquele sábio renunciante provavelmente continuava a lhe espreitar do fundo da sua mente. A vida seguiu, e Gautama, como que para afastar os seus pesadelos, mergulhava cada vez mais nos excessos do prazer e da sensualidade. Até que, ao fim de uma noitada particularmente animada, Siddhartha acordou sobressaltado no meio da madrugada e, olhando ao redor, viu as dançarinas espalhadas pelo chão do seu quarto. A cena ficou gravada em sua memória; ele próprio relembraria a cena mais tarde: nuas, abraçadas umas às outras e aos seus instrumentos, sem maquiagem e descabeladas, algumas roncavam pelo excesso de vinho; outra babava pelo canto da boca. Sons, cheiros e a inescapável sensação de desilusão após os excessos noturnos levaram o agora não tão jovem Gautama a, provavelmente, mais uma vez se perguntar: "é isto?" "Realmente é somente isto?" Gautama afunda em tristeza. Ele tinha vinte e nove anos naquela fatídica madrugada.

Mais uma vez o destino conspirou e, naquele exato momento, Chandaka entra em seus aposentos para lhe comunicar que a sua esposa, Yasodhara, dera à luz um menino, forte e saudável e que ele poderia vê-los agora. Porém, a mente de Gautama girava. Sidhartha se veste e, acompanhando Chandaka, vai em direção ao quarto da sua esposa. E é aí, precisamente no momento em que ele ia entrar no quarto da sua esposa para ver o seu filho, no exato momento em que ele iria cruzar o umbral para a segurança da sua vida futura, que o inimaginável acontece. Rico, belo, poderoso, com um filho homem: o que mais alguém poderia querer? Siddhartha crava os pés no chão e pensa: "se eu entrar neste quarto, eu nunca mais vou sair dele". Então, voltando-se para Chandaka, Siddhartha Gautama diz: "sele o meu cavalo. Eu estou de partida". A hora da "Grande Renúncia" havia chegado. Dando meia-volta, sem sequer olhar para o seu filho e para a sua esposa, silenciosamente, Siddhartha e Chandaka saem da luxuosa residência, montam e começam a cavalgar. Eles cruzam rios e matas, montanhas e vales, até que, no sétimo dia, Siddhartha desmonta pela última vez, entrega as rédeas para Chandaka, se despede afetuosamente de seu cavalo favorito, Kanthaka, se despe, pega a sua espada, corta os seus cabelos e entrega as suas roupas e a sua espada para seu fiel ajudante Chandaka, que, aos prantos, tenta demover o seu mestre de tal loucura. Era inconcebível: abandonar a sua família e o seu papel social de xátria!

Siddhartha pede a Chandaka que retorne à Kapilavastu e avise ao seu pai da sua decisão. Ele finalmente diz a Chandaka que ele só retornará a Kapilavastu quanto ele tiver encontrado o caminho para além da dor. Gautama vê Chandaka pegar o caminho de volta e desaparecer na distância; ele vira e se dirige para a mata. Era o começo da busca. Uma busca que levaria seis anos e que o conduziria numa aventura espiritual que mudaria não só o seu destino, como também o destino espiritual de boa parte da humanidade.

Ao entrar na mata, Siddhartha encontra os restos de um cadáver envolto numa mortalha rasgada. Ele pega os restos de pano: aquela se tornaria a sua veste, doravante. Ele penetra mais profundamente na floresta em busca de alguém, algum daqueles ascetas que a tudo renunciaram – casa, família, posição social – enfeitiçados pela promessa do despertar. Gautama busca aquilo que todos aqueles que se iniciam na jornada espiritual buscam: um mestre. E ele logo encontrou um nas profundezas das matas do Nordeste da Índia, Alara Kalama. E foi, como manda a tradição, aos pés de um mestre, de um *guru*, neste primeiro momento, Alara Kalama, um *shramana*, um asceta, um renunciante, exatamente como aquele que Siddhartha havia visto no dia dos seus fatídicos encontros com a realidade, que o futuro Buda começou a aprofundar as suas práticas espirituais: ioga, ascese, renúncia, como morar e viver na selva. Até hoje esta é uma das opções para todos aqueles que renunciam: ir para a floresta, sentar aos pés de um mestre que, junto aos seus discípulos, se dedicam às práticas de meditação, concentração e ascese. Depois de algum tempo, impressionado com o progresso de Siddhartha, Alara Kalama lhe convida para dividir a orientação do seu grupo de discípulos. Siddhartha, contudo, tinha outros planos. Ele posteriormente contaria aos seus discípulos, numa daquelas noites de lua cheia no meio da mata, quando o Buda tradicionalmente falava um pouco mais com a Sangha, que, apesar de ele ter sentido um pouco mais de paz, se sentir mais concentrado e focado, as doutrinas e as práticas de Alara Kalama não o satisfaziam completamente. Era hora de partir novamente. E ele parte em busca de outro famoso mestre, Uddraka Ramaputra.

Com Uddraka Ramaputra, a história se repete: mais paz, mais concentração, o mesmo convite para orientar os seus codiscípulos; mas ainda não era o que Gautama buscava. Ele acredita que aquelas práticas ensinadas tanto por Alara Kalama e Uddraka Ramaputra não lhe estavam conduzindo à libertação. Ele decide, então, radicalizar os seus exercícios espirituais com uma ascese severa. Ele deixa o grupo de Uddraka Ramaputra na companhia de cinco dos seus companheiros de prática e, juntos, fazem um voto de seguir um caminho radical de meditação e jejum contínuos. Os anos voam como flecha e, mesmo assim, nada ainda parece sugerir que ele se encontra perto das respostas para as suas perguntas. Um dia, emaciado, segundo ele próprio nos conta, um "esqueleto ambulante", que conseguia ver todos os ossos do seu corpo, ele entra num rio para as suas abluções. Lá, no meio da correnteza, ele desmaia de fraqueza, e é somente com muito custo que, agarrando-se a um tronco caído, ele consegue sair do igarapé. Ao retornar para a margem, ele toma uma decisão: aquela vida de ascese radical, de fome e privação contínua também não lhe havia mostrado o caminho. Por coincidência, uma jovem pastora, Sujata, aparece e oferece a Siddhartha um prato cheio de arroz doce. Ele come a doação e imediatamente sente a força retornar. Quando os seus companheiros veem isto, ficam chocados e comentam entre si que "Gautama havia quebrado os votos". Eles, então, o deixam e partem na direção de Varanasi, a lendária Benares, "a cidade das luzes – aquela que brilha", ainda hoje o principal centro espiritual do hinduísmo no Norte da Índia. Mais uma vez sozinho, Siddhartha toma a decisão de não mais se submeter ao rigorosíssimo ascetismo que ele havia, equivocadamente, abraçado. Solitário, segundo ele "morando nas profundezas da mata, como um cervo assustado que foge ao ver qualquer ser humano", ele se volta para as cercanias de Gayá, um importante centro de peregrinação no Nordeste da Índia. Aproximando-se da cidade, ele se depara com um local delicioso: as margens do Rio Niranjana (hoje Phalgu). Arborizado, manso, com largas praias de areia, Siddhartha toma a decisão de não abandonar aquele local até encontrar a libertação espiritual. Decidido e em busca de um sinal, Siddhartha coloca a sua tigela de asceta sobre a água e pensa: "se for este o local no qual eu atingirei o despertar, esta tigela não vai afundar, mas flutuará contra a correnteza". A tigela, depois de alguns momentos, não afunda e lentamente sobe em direção contrária à correnteza. A lua cheia do mês de Vesak se aproximava.

Então, após alguns dias meditando e caminhando nesse local aprazível, ao cair de uma tarde, Siddhartha mais uma vez se senta para meditar. A noite se aproximava – seu horário favorito de meditação nas florestas para, segundo ele, espantar o medo – e, exatamente quando surgia a primeira estrela no céu, Siddhartha começa a sentir algo que ele nunca havia sentido anteriormente. Ele nos conta que, naquele instante, ele começou a penetrar em estados meditativos cada vez mais profundos, em regiões da sua mente nunca antes enxergadas ou visitadas. Começava a famosa "primeira vigília" da noite. E é neste instante, nesta primeira parte da noite, que algo parece se abrir perante os seus olhos; visões inacreditáveis, sensações maravilhosas. Siddhartha começa a ver, com clareza, as suas encarnações precedentes! Ele nos diz: "comecei a ver, a enxergar com clareza, uma, duas, dez, cem, as minhas últimas encarnações desfilavam perante os meus olhos. Eu sabia intuitivamente que, se continuasse, poderia ter visto todos os meus renascimentos. Eu via: meu nome era tal, eu morava em tal local, comia tal comida". A assombrosa aventura estava somente começando. Logo, o ainda Gautama entra num estágio meditativo ainda mais profundo. Começava a segunda vigília da noite e, então, ele começa a ver o surgimento e o desaparecimento dos seres, as causas e condições do seu surgimento e do seu desaparecimento; ele começa a enxergar a trama cósmica, interdependente; a renda de luz diáfana que organiza e separa tudo e todos; o afloramento e a dissolução dos seres, fenômenos e processos causais; ele viu – ele enxergou claramente – os nós cármicos que amarram e dissolvem todas as criaturas devido às suas ações. A segunda vigília chegava ao fim, trazendo com ela outros estados mentais cada vez mais claros, cada vez mais nítidos. Começava a terceira vigília e, com ela, Siddhartha finalmente enxergou o Caminho, as Quatro Nobres Verdades: a dor, a sua origem, a possibilidade de superá-la e o caminho para a sua superação; ele viu a interdependência de todos os elementos e processos, as causas e condições que originam todo e qualquer fenômeno. Gautama estava vendo os *dharmas*, os elementos últimos que formam a trama do real, aquele balé elemental fluido, orquestrado pela interdependência e pela causalidade, a verdadeira matriz da realidade. E a terceira vigília chegava ao seu final. Até que, de repente, na parte mais escura da madrugada, depois de ver e sentir aquilo que nunca havia sido visto ou sentido, começava a quarta parte e última vigília da noite. Porém, nesse momento, Siddhartha sentiu algo estranho, algo que ele não sentia há muito tempo: medo. Ele começou a ver formas apavorantes, seres horripilantes que lhe ameaçavam devorar vivo; sons horríveis, coisas medonhas. Focando a sua atenção, o futuro Buda conseguiu se livrar dessas aparições. Foi então que ele começou a sentir outra sensação que há muito ele não sentia. Um corpo de mulher lhe abraçando. Na verdade, eram dois corpos de mulheres; nuas, lindas, sensuais. Elas lhe acariciavam e diziam: "Siddhartha, o que um jovem guerreiro como você está fazendo a esta hora no meio da mata? Você não quer fazer nada mais agradável?" Então, reunindo todas as suas forças, esticando o seu braço e tocando o chão, ele invoca a Terra, *Bhumi*, como testemunha de todos os seus esforços, dores, promessas, votos, decepções, angústias, sonhos e medos. As duas figuras desaparecem. Ficamos sabendo posteriormente que as duas eram as mais belas filhas de Mára, a Morte, que, preocupado com o progresso espiritual de Gautama, temia que ele descobrisse o caminho para além da morte. Quando a última estrela some no céu com a chegada da aurora, a quarta vigília chegava ao fim e, com ela, chegava também ao final a busca de Gautama. O inconcebível acontece. Gautama, Terra, mata: um caleidoscópio de tudo começa a girar e se dissolver. Agora, ele já não era mais Gautama; este havia desaparecido, havia alcançado a extinção – literalmente, *Nirvana*. Ele havia, enfim, despertado; ele era, agora, um Buda. Como outros Budas que lhe precederam e como outros ainda lhe sucederiam, ele havia "redescoberto o caminho antigo", "o caminho para além das dores"; ele havia cruzado o turbulento rio do *Samsara*, essa ronda infinita de renascimentos, essa roda infinita de ignorância, desejo e dor. Ele havia, enfim, passado para a outra margem.

Gozando da bem-aventurança daquele estado indescritível, num primeiro momento o Buda hesita em pregar, em anunciar aquilo que ele havia visto e alcançado. Ele relembra posteriormente que, após o Despertar, ele teve dúvidas acerca da possibilidade de transmitir aquilo que ele havia experimentado, o como e o porquê. Porém, usando agora os poderes especiais de sua visão purificada, ele percebeu que, no mundo, os seres humanos são como flores-de-lótus: a maioria fica para sempre embaixo d'água, no fundo de um lago; algumas beiram a superfície da água e, outras, poucas, conseguem romper a barreira da água e desabrochar na superfície. Era para essas flores-de-lótus – para esses homens e mulheres – que o Desperto iria falar. Ele declara, então, movido pela compaixão por todos os seres conscientes: "quem tiver ouvidos, que ouça: os portões do Nirvana foram abertos para todos".

Ao decidir pregar, o Buda resolve partilhar a sua experiência com os seus dois antigos mestres, Alara Kalama e Uddraka Ramaputra, porém, ele enxerga que os dois já haviam partido desta vida. Ele decide, então, ir ao encontro dos seus cinco ex-companheiros de ascese severa, que o haviam abandonado quando ele aceitara um prato de arroz de Sujata, a pequena pastora. Olhando com a sua visão transcendental, ele enxerga os seus ex-companheiros vivendo num parque nos arredores de Benares, em Sarnath. E é para lá que ele se dirige, para colocar em movimento a "Roda da Lei", o *Dharma* budista. O Buda estava prestes a começar a sua fantasticamente bem-sucedida missão magisterial.

1.2 O contexto cultural e religioso da vida do Buda

Vimos acima que o Buda nasce completamente inserido no contexto civilizacional da Índia antiga. Naquela época, há cerca de dois mil e quinhentos anos atrás, a Índia já era um local habitado há muito tempo. Quando se fala da vida do Buda costuma-se falar que o Buda nasce naquele que ficou conhecido como o "segundo surto civilizacional da Índia", já que, há pelo menos dois mil anos antes da vida do Buda, a região Noroeste da Índia já havia sido palco de uma impressionante rede de assentamentos civilizacionais que foram acidentalmente descobertas em 1922, quando trabalhadores começaram a aparecer na construção de uma ferrovia carregando tijolos extremamente bem moldados. O fato chamou a atenção das autoridades que levaram o fato à Sociedade Arqueológica Indiana. Após algumas escavações, começaram a ser desenterradas estruturas urbanas extremamente sofisticadas, num grande raio de terreno. Duas dessas estruturas urbanas se encontravam nas localidades de Harappa e Mohenjo-Daru, que emprestaram os seus nomes a esta civilização. Posteriormente, com o trabalho de várias gerações de arqueólogos, ficou claro que Harappa e Mohenjo-Daru faziam parte de um complexo civilizacional ainda mais extenso do que se pensara originariamente. Hoje, essa civilização é chamada de Civilização do Indo ou do Sarasvati, devido aos rios que a ladeavam. Apesar de uma robusta coleção de artefatos, que incluem desde impressionantes esculturas até uma larga quantidade de tabletes que contêm aquilo que alguns acreditam ser uma escrita – outros acreditam que se trata de selos comerciais –, ainda sabemos muito pouco acerca daquela civilização, já que a sua "suposta" escrita ainda não foi decifrada. Especula-se, hoje, que aqueles aglomerados urbanos pudessem fazer parte de uma rede de entrepostos comerciais avançados mesopotâmios; outros afirmam tratar-se de uma civilização local que teria prosperado graças à tributação do comércio ao longo dos rios Indo e Sarasvati; outro grupo de estudiosos, porém, defende a tese de que aquela civilização teria sido destruída por grupos oriundos de algum lugar da Ásia Central ou das estepes russas, neste caso relacionando esses supostos conquistadores com populações oriundas dos chamados povos Indo-europeus. Esta última tese, a chamada – e altamente controversa – Teoria da Invasão Ariana, baseada na dispersão histórica de dialetos indo-europeus por aquela região e numa certa leitura da literatura indiana mais arcaica, é motivo de acalorados debates e, por questões históricas e sociais, transbordou do meio acadêmico para a arena política indiana. Essa teoria afirma que povos indo-europeus cruzaram as cadeias de montanhas do Himalaia Ocidental e, após destruírem a civilização do Indo, foram lentamente deslocando-se para o oriente, vindo a se estabelecer originariamente na chamada região dos "Cinco Rios" (uma região que hoje engloba partes do Afeganistão, do Paquistão e do Noroeste da Índia, o "Punjab", a região dos "cinco rios" [*panca ap*]). Seja qual for a verdade relativa por trás dessas teorias, o fato é que, segundo as datações mais recentes, a chamada Civilização do Indo teria atingido o seu apogeu entre 2500 e 1500 a.e.c., mil anos antes do Buda. Não sabemos o motivo do colapso dessa sociedade. Uns falam em guerras e invasões; outros apontam para cataclismos que teriam mudado o curso dos rios (a área entre a Índia e o Paquistão, onde atualmente se encontram as suas ruínas, é marcada por violentos terremotos); outros, ainda, falam hoje em colapso natural, por causa da mudança no leito de alguns rios, ou ambiental (é uma região, hoje, extremamente árida).

Quando se identifica o chamado "segundo surto civilizacional indiano", isto é, com a presença de dados materiais mais robustos, já estamos falando de outra região, a planície formada pelos rios Ganges e Iamuná na região Centro-Norte e Norte-Nordeste da Índia. Foi na extensa planície formada por aquelas duas principais artérias fluviais do Norte da Índia que surge aquilo que podemos chamar, com certeza, de "Civilização Indiana Arcaica" (cerca de 1500-800 a.e.c), uma civilização que registrou a si própria através de um dos maiores monumentos civilizacionais humanos, chamado por nós, ocidentais, de Vedas, e por um outro conjunto enorme de "textos" (na realidade eles foram produzidos e reproduzidos oralmente durante centenas de anos) da mais variada natureza, desde longos épicos, como o Mahabharata e o Ramayana, até sofisticadíssimos tratados gramaticais, que perfazem um acervo literário e cultural extraordinariamente rico e complexo. Foi essa cultura arcaica indiana que criou o pano de fundo societário no qual se desenvolve a religiosidade indiana antiga e, também, a vida e a obra do Buda Shákyamuni.

Quando usamos a palavra "Hinduísmo", esquecemos que esta palavra é uma criação inglesa do século XIX que pretendia, com aquela expressão, abarcar a atordoante riqueza e fertilidade religiosa indiana.

Costuma-se falar de um Hinduísmo antigo, moderno, popular etc., de acordo com a área dos temas em questão. Para nós, aqui, interessa o chamado Hinduísmo antigo, também chamado de "Bramanismo", dada a importância da expressão "Brahman" que, de acordo com pequenas modificações, pode apontar tanto para: (i) a natureza última da realidade (Brahman); (ii) um verso sagrado (Brahman); (iii) um deus pessoal no masculino (Brahmá); (iv) a casta sacerdotal indiana, produtora e reprodutora dos rituais e textos da tradição (Brâmanes). Do ponto de vista religioso, que mais nos interessa aqui, a vida e a obra do Buda ocorrem dentro de balizas culturais (sociopolíticas) e espirituais que encontram o seu fundamento e justificação nos Vedas, ou, segundo os indianos, na *Shruti*, literalmente, "aquilo que foi ouvido", ou seja, na Tradição. Essa *Shruti*, ou Vedas, são considerados pela tradição hindu revelações não humanas. As origens desses "textos" são atribuídas a diferentes seres divinos em diferentes passagens dos Vedas, porém, todos eles foram posteriormente organizados através de linhas sucessórias (*parampara*) de alguns poetas que "receberam" aqueles hinos e estabeleceram, através de um verdadeiro mosaico de poemas, mitos, reflexões e injunções, não só variadas cosmogonias (uma narrativa que objetiva explicar a origem da realidade), como também politogonias (a origem das estruturas sociais) e antropogonias (a origem humana). Cosmos, sociedade e indivíduo perfazem, para aquela sociedade, uma rede contínua de relações, em que sentidos cósmicos, obrigações sociais e tipologias e aspirações humanas são cartografadas e mapeadas, organizando uma teia de significados inseparáveis, que relacionam a realidade, a sociedade e os indivíduos a partir de uma série de relações entre as estruturas cósmica, social e humana. Interessa-nos, aqui, destacar a centralidade do *sacrifício* como a principal forma de prática religiosa difundida naquela comunidade, e ele, o sacrifício, é exposto, celebrado e articulado nas partes mais antigas dos Vedas; em resumo, o sacrifício é uma ação humana que visa, fundamentalmente, à manutenção da ordem cósmica, social e individual, e, num outro nível, o sacrifício é considerado também o melhor instrumento para se alcançar alguma finalidade material (riqueza, poder, filhos). Nesse sentido, a primeira parte dos Vedas, chamada de *Karmakanda* (a parte da "ação ritual"), discorre longa e exclusivamente acerca dos sacrifícios: sua performance (*como* executar os sacrifícios: os ritos e mitos utilizados durante a sua execução), seus objetivos (*ao que* se aspira, *a quem* se dirige e *quem* é elegível para realizá-lo) e suas justificativas (*por que* deve ser realizado). O sacrifício e a ação sacrificial (*karma*) são compreendidos de forma diversa de acordo com o contexto e o objetivo da sua realização, porém, simplificando muito, pode-se afirmar que os principais objetivos do sacrifício são, além daquele aspecto de preservação cósmica, alcançar três das quatro principais aspirações humanas: (i) *kama*, o prazer sensório; (ii) *artha*, o poder econômico; e (iii) *dharma*, a ação que ocorre na dimensão do dever sociopolítico. Aliás, essa (*dharma*) é uma expressão-chave para se compreender não só o Hinduísmo, mas também, como veremos posteriormente, o Budismo, que irá revestir a expressão de novos sentidos.

Contudo, a segunda parte dos Vedas, mais tardia, incorpora elementos de natureza mais cognitiva e sapiencial; o valor absoluto do sacrifício é relativizado e, por vezes, ele é criticado abertamente; alguns autores afirmam que, na verdade, o que ocorre na parte final dos Vedas é que aquela dimensão sacrificial externa é internalizada, constituindo-se, aí, uma plêiade de caminhos gnósticos para a consecução da última daquelas quatro aspirações humanas: (iv) *moksha*, a libertação espiritual. Esta última é particularmente importante para nós, já que os seus meandros revelam a trama que origina boa parte da espiritualidade indiana e, também, do surgimento do Budismo. Os principais textos nos quais aquela libertação é discutida são chamados de Upanixades e representam um marco incontornável da espiritualidade hindu. Simplificando, os ou as upanixades – ambas as formas são usadas – procuram, através de diálogos entre mestres e discípulos, refletir, meditar e criar as condições de possibilidade para a realização, através de vários caminhos e modos de gnose, de uma experiência: a comunhão, uma experiência de unicidade radical, da nossa identidade mais profunda, do nosso *atman*, com a totalidade da existência, *Brahman*.

Do ponto de vista da organização social, os Vedas idealizam a sociedade humana como sendo formada basicamente por quatro tipos humanos, divididos em estratos que são chamados de *varna*, castas, que reproduzem, simbólica e hierarquicamente, as quatro partes principais do grande ser cósmico, *Purusha*. Num hino famoso e relativamente tardio (Rg Veda, X.90), a sociedade humana é dividida, organizada e encontra a sua justificativa religiosa (a harmonia cósmica-social-individual através do sacrifício) em: (i) brâmanes – oriundos da boca de *Purusha*, a classe sacerdotal responsável pela realização dos ritos e pela guarda espiritual da tradição; (ii) xátrias – oriundos dos braços de *Purusha*, responsáveis pelo governo e pela administração da sociedade, além das artes da guerra, o Buda nasceu nesta casta; (iii) váixias – oriundos das coxas de *Purusha*, são os produtores da riqueza: comerciantes; e aqueles que se ocupam da agropecuária. Somente essas três castas superiores tinham acesso aos Vedas e podiam se dedicar às práticas lá preconizadas. Finalmente, dos pés de *Purusha*, os (iv) sudras – trabalhadores que servem às três castas superiores. A estes últimos era vedado o conhecimento espiritual. Abaixo dos sudras, havia ainda os chamados "intocáveis" (*pariah* ou *chandala*), seres considerados ritualmente tão impuros que deviam viver separados do restante da sociedade, fora das vilas e aldeias, realizando as tarefas mais baixas: limpeza, descarte dos mortos e outras tarefas ingratas. Todavia, esse arranjo cósmico-social, como dissemos, era basicamente um *ideal*. Na realidade, esse modelo era extraordinariamente mais complexo e matizado, e de forma alguma se mostrava tão nítido e preciso na sua manifestação histórica, apesar de a sua cristalização e manutenção ter sido um dos pontos centrais da ideologia sociopolítica e espiritual da sociedade indiana antiga. O Buda, porém, não aceitava estas que podem ser consideradas as principais características religiosas e sociais contidas nas partes mais antigas dos Vedas: (i) o sacrifício como principal prática espiritual; (ii) a natureza revelada dos Vedas; (iii) a estrutura social e política lá prevista; (iv) a autoridade espiritual exclusiva dos brâmanes.

Finalmente, é necessário falar aqui, também, de outra organização: a da vida dos indivíduos. Aquela sociedade previa, idealmente, quatro estágios na vida humana: (i) a de estudante (*brahmacharin*), em que os meninos aprendiam aos pés dos mestres, os gurus, não só seus respectivos ofícios, como também as práticas devocionais pertencentes ao seu estrato social. É importante lembrar que às meninas, com raríssimas exceções, era vedado esse tipo de aprendizado, bem como qualquer tipo de acesso àquela espiritualidade tradicional. O Budismo viria, não obstante o estatuto social ainda subalterno das mulheres na Sangha, modificar isso;

(ii) a etapa de homem casado (*grihasta*), quando, após se casar e ter filhos, um homem se dedica à realização de três daquelas aspirações humanas: *kama, artha* e *dharma*; (iii) aposentado (*vanaprashthin*). Tradicionalmente, quando um homem tivesse netos, ele poderia abandonar a cidade, vila ou aldeia e se dirigir para a mata, para começar a se dedicar exclusivamente às coisas do espírito (*"vanaprashthin"* significa, literalmente, "morador da mata"). Todavia, ele ainda devia manter o fogo sagrado e praticar sacrifícios. Finalmente – e mais importante para nós – o último estágio, o de renunciante (*sannyasin*).

A natureza do estágio de renunciante é extremamente importante para a construção do universo espiritual hindu. Foram esses homens – algumas pouquíssimas mulheres também embarcaram nessa aventura – que produziram a espinha dorsal das múltiplas espiritualidades indianas antigas, modernas e contemporâneas. São pessoas que, ao final da vida – ou ainda durante a juventude e a maturidade –, romperam com a vida social e familiar para se dedicarem exclusivamente às práticas espirituais. Tradicionalmente, espera-se que todos sigam o caminho contínuo proposto: estudante, casado, aposentado e, aí sim, renunciante. Contudo, nem todos podem ou conseguem esperar. Estes, enfeitiçados pela promessa do despertar, que renunciam no meio do caminho, que deixam a família e a sociedade, passam a possuir um estatuto social controverso. Acima da lei – as leis da sociedade nada mais significam para eles, que são obrigados, ao renunciar, a realizar os seus próprios ritos fúnebres –, eles, literalmente, ao renunciarem, se tornam "mortos-vivos". Eles são obrigados a seguirem um rigorosíssimo estilo de vida, preconizado em vários textos clássicos: jamais passar mais de uma noite no mesmo local, jamais olhar no rosto de qualquer membro da sua família, jamais trabalhar, jamais praticar um sacrifício ou um rito fúnebre para os seus pais. Eles deveriam viver de forma ambulante, com a menor quantidade possível de posses: uma tanga, um manto e uma tigela para mendigar comida bastam, passando a viver da caridade alheia. Sem morada, sem família, sem dinheiro, sem abrigo social. Solitários, ou em pequenos grupos centrados na autoridade carismática de um líder, aquelas pessoas se encontram, literalmente, para além do bem e do mal. Ao renunciarem, essas pessoas adquirem, também, um importante peso espiritual, já que serão elas que, doravante, se dedicarão com extraordinário afinco à busca da iluminação e, no imaginário popular, se tornam, por vezes, super-homens, dotados de poderes psico físicos sobrenaturais, a quem se devia aproximar com cautela, já que, tanto quanto as suas bênçãos eram buscadas, as suas maldições eram temidas. Porém, como vimos acima, a sociedade indiana esperava – e espera, já que o mesmo drama se desenrola ainda hoje – que a linearidade dos estágios seja mantida. Quando a ruptura daquele modelo ocorre, quando, por exemplo, um estudante ou um chefe-de-família renuncia, isto é compreendido como uma quebra profunda não só dos estágios da vida individual, mas comprometeria, também, a harmonia da sociedade e a perfeita manutenção das estruturas cósmicas que, acabamos de ver, estão profundamente conectadas umas às outras. Começamos a entender melhor, agora, o impacto da renúncia de Gautama e o clamor potencial criado pela renúncia de um jovem guerreiro que abandona a sua casta, os seus deveres, o seu *dharma* social e a sua família. Quando Siddhartha renunciou, ele buscou mestres que, certamente, também já haviam renunciado anteriormente. Esses pequenos grupos se transformam em pequenas comunidades, que estabelecem para si mesmas, através da autoridade dos líderes e dos costumes tradicionais dos renunciantes, as normas, leis e práticas meditativas que julgam mais importantes. Esses renunciantes são chamados também de *shramanas*, literalmente "ascetas", aqueles que se "esforçam" nas práticas espirituais. E foi exatamente num *shramana*, num desses ascetas, que Gautama – e incontáveis outros, antes e depois dele – se tornou.

Ficamos sabendo, através das próprias narrativas budistas, de vários outros grupos renunciantes na época de Gautama. Alguns também se tornariam influentes tradições espirituais – o Jainismo, liderado Mahavira Jina, foi um deles, enquanto outros grupos, importantes na Índia antiga, desapareceram completamente ao longo da história, como os *Ajivika*, seguidores dos ensinamentos de Makkhali Gosala. Por isso, é importante lembrar que a renúncia do futuro Buda, a constituição da sua comunidade, a Sangha, e o estabelecimento dos seus ensinamentos, o Dharma, representam um modelo comum de comunidade ascética em nada diferente de tantas outras antes e depois dele. Se pudéssemos voltar dois mil e quinhentos anos atrás para as matas indianas, nada, absolutamente nada poderia nos garantir que, de um pequeno grupo de buscadores solitários vivendo precariamente numa comunidade na floresta, surgiria uma das mais importantes e difundidas tradições espirituais da humanidade. Os acidentes do destino, a diligência das primeiras gerações de pregadores, o amparo da comunidade budista laica primitiva, aliado ao patrocínio de governos e monarcas, ajudaria na construção daquilo que hoje chamamos de Budismo. A fascinante história da transformação daquele pequeno grupo em uma das mais influentes espiritualidades do planeta é por si só extraordinária, porém, isso deve ficar para mais adiante, para o capítulo cinco, quando trataremos do crescimento e da expansão da comunidade. Agora, temos que retornar para a estrada que leva a Sarnath, perto de Benares, local da primeira pregação do agora Buda, onde, pela primeira vez, ele iria articular os seus ensinamentos, o Dharma, e fundar o núcleo originário da sua comunidade, a Sangha.

Segunda Lição

Os ensinamentos budistas: o Dharma

Da última vez que vimos o Buda, ele estava se dirigindo para o Parque dos Cervos, localizado a alguns quilômetros da cidade de Benares, para colocar em movimento "a Roda do Ensinamento" (*Dharmachakra*), ou seja, para colocar em movimento o Dharma, o conjunto de ensinamentos budistas. Vimos mais acima que, no contexto cultural indiano, a palavra *dharma* significa o conjunto de valores sociais, políticos e culturais que sustentam a sociedade indiana e que todo indivíduo deveria procurar manter da melhor maneira possível. A expressão *dharma* deriva da raiz sânscrita *DHR*, que significa, literalmente, "sustentar". Nesse sentido, para os indianos antigos, *dharma* é aquilo que sustenta a rede de relações cósmicas, sociais e individuais. Qualquer falha na manutenção do *dharma* individual colocaria em risco tanto a estrutura social como a estrutura cósmica. O Buda, todavia, se apropriou da expressão e a revestiu de um novo significado. Basicamente, no contexto budista, em sentido amplo, *Dharma* significa um ensinamento ou, no coletivo, o conjunto de ensinamentos da Buda. Desse modo, o Budismo é também chamado de *Buddhadharma*; isto é, "Os ensinamentos, a doutrina do Buda". Porém, em sentido estrito, um *dharma* significa um elemento constitutivo de um fenômeno ou de uma certa experiência. Por exemplo, a água, o ar, o fogo e a terra são os elementos (*dharma*) que constituem a matéria; além disso, *dharma* pode ser compreendido como a lei imanente que organiza a realidade. Por isso, ao longo deste livro, utilizaremos a expressão *Dharma* com inicial maiúscula quando estivermos nos referindo aos ensinamentos específicos ou ao conjunto de ensinamentos budistas como um todo. Quando nos referirmos a um *dharma* usando um "d" minúsculo, estaremos nos referindo a um elemento constitutivo de um fenômeno. Voltemos ao Buda, agora.

Lá ia ele, então, pela estrada que levava ao Parque dos Cervos, em Sarnath, próxima à Benares. No meio do caminho, ele encontra um seguidor de Makkhali Gosala, que, impressionado com a figura do Buda, lhe faz uma série de perguntas: quem ele era, qual mestre seguia, no que ele acreditava. O Buda, então, lhe conta a sua história, diz que não possui qualquer mestre, lhe fala um pouco do Dharma e, enfaticamente, lhe diz que ele, o Buda, era, agora, um Desperto. Cético, o asceta responde: "pode ser". Pouco impressionado, o renunciante segue o seu caminho, e o Buda, o dele. Quando o Buda chega, enfim, ao Parque dos Cervos, e foi reconhecido pelo grupo de ex-companheiros de ascetismo, os cinco combinam não lhe dirigir a palavra, já que, segundo eles, Gautama havia quebrado os seus votos ascéticos ao voltar a se alimentar normalmente. Porém, à medida que ele se aproximava, os cinco ex-companheiros de aventura espiritual perceberam que Gautama estava mudado: o seu semblante era sereno; o caminhar, calmo; e a postura, distinta. Quando ele chega mais próximo do grupo, os cinco não resistem e, por impulso, se levantam, pegam o seu manto e a sua tigela, lavam os pés dele e começam a lhe perguntar o que havia acontecido. O Buda, então, lhes comunica que Gautama não mais existia: ele havia se tornado um Desperto, um Buda. O Buda, assim, passa a articular, pela primeira vez, as bases da sua doutrina.

Lembrando o problema do seu desligamento do grupo, ele declara que as pessoas devem se distanciar de dois tipos de caminhos: tanto daquele de luxo, sensualidade e excessos no qual ele vivera ao longo da sua juventude quanto daquele de privações e de ascetismo radical que ele havia abraçado ao renunciar à alimentação e à prática exaustiva da ascese. Ambos os caminhos levam à dor, ao sofrimento. E é este sofrimento existencial o ponto de partida do ensinamento do agora Mestre (*bhagavan*) que irá, a partir dessas observações, formular o caminho budista, um caminho que, em termos de excessos de luxo e privação, será conhecido como o "Caminho do Meio".

De acordo com o Buda, naquele seu primeiro discurso, o sofrimento é a principal característica da vida daqueles que ainda não despertaram. Sofremos com a velhice, a doença e a morte, tanto as nossas quanto as daquelas dos seres que amamos. Sofremos quando estamos próximos daquilo que não gostamos e longe daquilo que amamos. Sofremos porque não conseguimos nunca saciar o nosso desejo infinito e aclarar a nossa ignorância. Mesmo quando estamos nos divertindo, em meio ao prazer e à alegria, inconscientemente já estamos sofrendo porque sabemos que o prazer e a alegria serão breves. Portanto, o sofrimento, essa dor de existir de forma alienada da verdadeira natureza da realidade, se torna a viga-mestra ao redor da qual o Buda viria a articular aquilo que posteriormente seria chamado de as *"Quatro Nobres Verdades"*. O *Dhammapada*, um dos textos mais populares da tradição, amplifica a centralidade do sofrimento:

> Por que o riso, por que a alegria nesse mundo se ele está sempre em chamas?
>
> Por que não procuras uma luz, imerso que estás nas trevas [da ignorância]?
>
> Observa esta imagem pintada, um corpo cheio de feridas, composto, doente,
>
> cheio de pensamentos, no qual não há nem permanência nem estabilidade.
>
> Esse corpo exaurido, um ninho frágil, cheio de doenças;
>
> Este monte de corrupções que se quebra em pedaços,
>
> vida terminando sempre em morte!
> (Dhammapada 146-147)

A Primeira Verdade, portanto, seria a onipresença do sofrimento. Nesse sentido, alguns acusam o Budismo de privilegiar em demasia o sofrimento, emprestando-lhe um ar de sutil melancolia. O segundo postulado do Buda, a chamada Segunda Nobre Verdade, explicita o que vem a ser a origem daquele sofrimento: o desejo e a ignorância. Desejo e ignorância se retroalimentam: desejamos porque ignoramos a natureza da realidade. Ignoramos a verdadeira constituição da realidade porque estamos constantemente ocupados em tentar materializar os nossos desejos, ou tentando conquistar aquilo que nos permita alcançá-los. Ignorância e desejo são, portanto, os eixos ao redor do qual se desenrola o *Samsara*, este ciclo aparentemente interminável de renascimentos, fruto dos nossos desejos insatisfeitos e da ignorância acerca de quem realmente somos. Esta é a Segunda Nobre Verdade, a origem do sofrimento.

A Terceira Nobre Verdade, porém, começa a trazer algum consolo: é possível *superar* aquele sofrimento onipresente. É possível *erradicar* aquela dor constitutiva da condição humana: após nos tornarmos conscientes do sofrimento e da sua origem, podemos transcender aquela condição dolorosa. Eis a Terceira Nobre Verdade: a possibilidade da superação da dor e da ignorância. A Quarta Nobre Verdade é o caminho que deve ser necessariamente trilhado por todos aqueles que queiram atingir o despertar: o Nobre Caminho Óctuplo, ou seja, um caminho, uma pedagogia do despertar que é dividida em três grupos de ações: o cultivo das virtudes, o exercício da sabedoria e a prática da meditação. Esta é a Quarta Verdade: o abraçar do caminho que conduz à libertação. A articulação dessas Quatro Nobres Verdades aproxima o Buda da imagem de um médico: (i) a partir dos sintomas – o sofrimento –, (ii) a detecção da "doença": o desejo e a ignorância. Detectada a doença, surge a possibilidade da cura (iii); por último, a prescrição do (iv) remédio para a cura da doença, o Nobre Caminho Óctuplo. O Buda iria repetir, detalhar e amplificar, no decorrer do seu longo magistério de quarenta e cinco anos, com sutis variações, dependendo de quem o estivesse ouvindo, o mesmo conjunto de ensinamentos, as mesmas Quatro Nobres Verdades que ele havia enxergado na noite do seu despertar.

O Nobre Caminho Óctuplo, portanto, deve ser compreendido como a essência da prédica budista, o método incontornável para a superação da dor e do sofrimento. O Buda articula, numa famosa passagem, a centralidade do nobre caminho no contexto das Quatro Nobres Verdades:

> Qual é, amigos, a nobre verdade do sofrimento? É o nascimento, a velhice e a morte. Qual é, amigos, a nobre verdade acerca da origem do sofrimento? É o desejo, o prazer...Qual é, amigos, a nobre verdade acerca da cessação do sofrimento? É a extinção, o desistir, o abandonar os prazeres. Qual é, amigos, a nobre verdade do caminho para a cessação do sofrimento? É simplesmente este nobre óctuplo caminho (Majjhima Nikaya 141.10).

É importante frisar que este caminho de oito práticas não deve ser enxergado como uma escada, onde cada degrau deve ser alcançado/praticado isolada e progressivamente. Antes, esse conjunto de exercícios espirituais deve ser praticado de forma conjunta, já que cada uma das práticas é inextricavelmente interdependente das outras, na medida em que cada prática ajuda a iluminar os outros pontos que constituem o sendeiro. Eis as práticas, que teremos a oportunidade de referir recorrentemente ao longo deste livro:

(i) Visão correta (*Samyagrishti*),

(ii) Intenção correta (*Samyksamkalpa*),

(iii) Fala correta (*Samyagvach*),

(iv) Ação correta (*Samyakkarmanta*),

(v) Vida correta (*Samyagajiva*),

(vi) Esforço correto (*Samyagvyayama*),

(vii) Atenção correta (*Samyaksmirti*) e

(viii) Meditação correta (*Samyaksamadhi*).

Tradicionalmente, esses oito passos são divididos em três conjuntos de membros diretamente relacionados: o cultivo das virtudes (Fala, Ação e Vida Correta); a meditação (Esforço, Atenção e Meditação Correta) e sabedoria (Visão e Vontade Correta). A divisão ajuda na exposição dos seus conteúdos, já que ela articula os principais focos que pretendem materializar o caminho espiritual budista. É importante explorar cada um desses passos agora.

(i) Visão Correta. Esta visão correta pode ser compreendida como um conjunto de perspectivas que devem ser incorporadas ao modo como enxergamos a realidade, já que são decisivas se se deseja alcançar a libertação do desejo e da ignorância. Isso significa que é importante observar atenta e corretamente como funciona a realidade, para que possamos dar os primeiros passos pela senda do conhecimento, deixando de lado a ignorância que nubla a nossa mirada e nos confunda acerca daquilo que devemos fazer. Daí, desenvolver a *Visão Correta* implica não somente compreender, mais experienciar, vivenciar radicalmente, três experiências, aquelas três características mais fundamentais não só da realidade, mas também de todo e qualquer ser ou fenômeno, aquilo que a tradição chama de "formação" ou "agregado". Conceitualmente, esses três elementos compõem o núcleo mais importante de onde se origina a cosmovisão budista: a impermanência (*anitya*), a insubstancialidade (*anatman*) e o sofrimento (*duhkkha*). Os budistas afirmam que sofremos porque acreditamos que as coisas são (i) permanentes, duradouras, ou seja, acreditamos que as coisas, as situações, nós mesmos e as pessoas que amamos ou odiamos vão durar para sempre; (ii) que todos os seres e fenômenos são dotados de uma essência que os tornam independentes uns dos outros, isto é, que todos os seres possuem uma essência permanente, uma alma ou uma constituição cristalizada; e (iii) que aqueles seres e acontecimentos podem nos trazem felicidade e alegria. Numa ocasião, questionado por Ananda, acerca dessas características, o Buda respondera:

> Ananda, um monge deve compreender
> desta maneira: "é impossível; não pode
> ocorrer que uma pessoa que possua visão
> correta considere qualquer formação
> como permanente [...] é impossível,
> não pode acontecer que uma pessoa...
> considere qualquer formação como
> prazerosa [...] é impossível... que

qualquer pessoa considere qualquer formação como possuindo substância" (Majjhima Nikaya 115.12).

De acordo com a tradição, essas três crenças (permanência, prazer, substância), representam um grave erro que inviabilizam a prática do caminho. A partir do momento em que compreendemos que tudo na vida – criaturas, situações, fenômenos – é impermanente, que não existe uma essência nos seres, isto é, que tudo aquilo que existe é um conglomerado de elementos físicos – e, no caso humano, também psíquicos – e que todos esses elementos estão em constante estado de transformação, aí sim, estaremos prontos para começar a combater o sofrimento oriundo do desejo e da ignorância. Essa impermanência é reiterada pelo Buda desde o seu primeiro discurso até as suas palavras finais. Tipicamente, o Buda relacionava impermanência e a falta de substância (atman):

> "Monges"! A forma não é o "atman", a sensação não é o "atman", a percepção não é o "atman", as vontades não são o "atman", a consciência não é o "atman". Todas as formações são impermanentes (anitya). Todas as coisas são "anatman" (Majjhima Nikaya 35.4).

De acordo com o Buda, a suposta identidade ou substância que conforma a natureza humana não se encontra nem no corpo, nem na mente, nem na vontade, nem na consciência, nem mesmo no conjunto daqueles agregados (*skandha*)[1]. Na realidade, ela não se encontra em lugar algum do complexo de energias que nos constitui, nem no próprio conjunto desse complexo de energias, considerado separadamente. Mais do que isso, segundo ele, nada, absolutamente nada possui uma substância nem pode ser caracterizado substancialmente. Todas as coisas (*sabbam*) são *anatta (*Majjhima Nikaya 115.12). *É muito importante sublinhar que a* noção de substância ou identidade (*atman*) é extremamente problemática para o Buda e para as tradições budistas. Dela decorrem implicações absolutamente inaceitáveis, como a crença num "eu" permanente, que perdura e se mantém facilmente identificável e coerente durante uma vida e, mesmo após ela, implicando uma permanência que a tradição não aceitava (Majjhima Nikaya 22.16), antes, uma das principais características dos seres e fenômenos, como vimos, é a insubstancialidade (*anatman*), compreendida como característica determinante de todos os seres. A relação entre impermanência e insubstancialidade é tão profunda que o Buda a destaca no seguinte ensinamento destinado ao seu próprio filho, Rahula, depois que este se juntara à Sangha: *"Rahula, desenvolva a sua meditação na percepção da impermanência, pois,*

---

1 De acordo com o Buda, o ser humano é composto por um agregado (skandha) de elementos que se organizam a partir do karma e da causalidade: a) forma ou corpo; b) sensação; c) percepção; d) vontade; e) forma.

quando se desenvolve aquela meditação, o conceito 'eu sou' será abandonado" (Majjhima Nikaya 62.23). O conselho coordena duas importantes ramificações do mesmo núcleo doloroso da existência, a substância e a impermanência. A ignorância, a falta de atenção para com estas duas características constitutivas dos fenômenos, está diretamente vinculada à noção de 'personalidade'. Essa 'personalidade' é a crença ilusória de que somos e continuaremos a ser da mesma maneira. Essa arraigada crença amarra identidade pessoal, substância, permanência e desejo, alguns dos mais destacados desdobramentos da ignorância, que, como se pode notar, está diretamente vinculada às três características dos seres condicionados.

A Visão Correta, então, se torna a porta de entrada na senda budista. Vista por outro ângulo, a Visão Correta é a realização profunda das Quatro Nobres Verdades, vale dizer, é enxergar o sofrimento, a sua origem, a possibilidade da sua superação e o caminho para essa superação.

(ii) Intenção Correta. A intenção correta está profundamente ligada à ação correta e à vida correta. O Budismo afirma que uma ação nunca deve ser avaliada pelos seus resultados, mas pela intenção que a move. A intenção – ou vontade – é o fator determinante para que uma ação (*karma*) seja considerada boa ou má. A expressão "karma" é popularmente compreendida como algo que deve ser expiado ou algo que devemos necessariamente experimentar para que seja possível algum tipo de compensação ou justiça cósmica. O karma, nesta perspectiva, se torna um mecanismo de retificação das supostas injustiças cometidas. Historicamente, porém, a palavra "karma" é oriunda da espiritualidade hindu mais antiga e se refere, fundamentalmente e de forma neutra, a uma ação ou a um sacrifício que deve ser realizado para se alcançar algum objetivo. Por exemplo, se eu quero obter um renascimento num paraíso de uma divindade (ou um filho, ou riqueza), eu devo fazer um conjunto de ações (*karma*), incluindo sacrifícios, para que este objetivo seja alcançado. Em si as ações serão neutras e, se forem bem realizadas, frutificarão com o objetivo sendo alcançado. Isso significa que se a ação for bem-feita, bem executada, o resultado será positivo, sem nenhum tipo de valor de bem e mal ou de certo e errado envolvido. O Budismo, porém, vai revestir a expressão *karma* de matizes morais e éticos. Uma ação só pode ser considerada "boa" ou positiva se houve boa-vontade como origem dela; contrariamente, uma "má ação" ou uma ação negativa é uma ação cuja origem remonta a um desejo, uma intenção de deliberadamente prejudicar outrem ou fazer o mal. Assim, o fato de que uma ação tenha dado errado não significa que a sua origem seja negativa; de modo contrário, o fato de uma ação ter dado certo, ou seja, se os resultados oriundos da ação foram alcançados, não significa que a sua origem tenha sido boa. Eu posso bolar um plano e executar um assalto bem-sucedido (resultado positivo) para uma ação cuja origem é má (privar alguém das suas posses). Inversamente, ao tentar ajudar alguém a atravessar uma rua e, infelizmente, escorregar, eu posso arrastar uma pessoa para a morte (resultado negativo) para uma ação que originariamente era bem-intencionada. Como a tradição acredita no livre-arbítrio, isto é, na liberdade de escolha e na liberdade de ação dos indivíduos, o que macula a nossa vida não é um número de resultados positivos ou negativos, mas a disposição voluntária (*karma*) em fazer o bem ou o mal. Muitos comentadores enxergam no Buda o primeiro grande mestre espiritual que sublinhou a importância dos aspectos subjetivos morais na avaliação de uma ação. Daí decorre também a necessidade de se prestar atenção constante na mente e nos seus conteúdos.

(iii) Fala Correta. Como todos os pontos do Caminho Óctuplo, a fala exige a cooperação de outros passos. O exercício da fala exige a atenção, o esforço e a vontade correta. Falar corretamente significa idealmente se esforçar para, na medida do possível, encaminhar os seres conscientes para o Nobre Caminho; caso contrário, é melhor ficar em silêncio. A fala correta é compreendida como sendo constituída por vários fatores: veracidade, doçura, equilíbrio. Mentiras, fofocas, lendas; a fala inverídica e agressiva, que deliberadamente falsifica, insulta e menospreza, que gera dor ou conflito; estas devem ser totalmente evitadas. A palavra sábia, moderada, edificante, simpática, que pacifica e que encaminha os seres para além da dor deve ser estimulada. Nada disso sendo possível, o silêncio sábio deve ser praticado.

(iv) Ação Correta. Como vimos, a ação correta está profundamente ligada à intenção correta. Ação correta é aquela cuja origem é a boa-vontade e, idealmente, também é levada a cabo corretamente. A ação correta é condição de possibilidade de uma vida correta e fruto de uma vontade de fazer o bem. Nesse sentido, a tradição afirma que toda e qualquer ação deve ser vascularizada por dois princípios estruturais, a compaixão (*karuna*) e a sabedoria (*prajña*). É dessa equação que surge a noção de "não violência" (*ahimsa*), posteriormente popularizada por Gandhi como instrumento, também, de participação, luta e libertação política. A não violência é uma forma de estar no mundo na qual se valoriza a solidariedade ao invés da competição, da criação ao invés da destruição, do amor (*metta*) ao invés do ódio, e da interdependência ao invés do isolamento. No sentido do projeto do despertar, ação correta significa, basicamente, praticar o Nobre Caminho Óctuplo.

(v) Vida Correta. Como veremos posteriormente, todo e qualquer budista leigo deve abraçar pelo menos cinco votos (*panchasila*) básicos: 1) não matar; 2) não roubar; 3) não mentir; 4) não se intoxicar; e 5) exercer a sexualidade de forma consciente. Naturalmente, monjas e monges assumem uma quantidade bem maior de votos, como também veremos em breve. Por causa desses cinco votos fundamentais, a tradição afirma que é muito difícil praticar o caminho budista levando uma vida ou trabalhando de um modo no qual seja difícil manter a prática. Por causa de suas ocupações, soldados, pessoal de abatedouros, prostitutas, bandidos, traficantes de drogas ou de pessoas podem ter dificuldades em seguir o sendeiro, o que não impediu que vários daqueles tenham conseguido se desvincular daquelas ocupações e alcançado o Despertar. A Vida Correta ideal, contudo, é a vida completamente dedicada à busca da Iluminação. Desse modo, percebe-se que a vida ideal é a vida de monja ou monge. Estes levam a vida que reúne as condições ótimas para se dedicar integralmente ao sendeiro. Além dos cinco votos básicos (para monges e monjas, o voto referente ao exercício da sexualidade implica celibato completo), toda monja e todo monge deve abraçar um número exponencialmente maior de votos, já que todos eles devem seguir obrigatoriamente os códigos de conduta da tradição (o *Vinaya*). Os códigos de conduta monacais estipulam o comportamento ideal, além das inúmeras regras que devem ser observadas; dependendo do ramo do Budismo, essas regras vão além de três centenas. Leigos e religiosos podem fazer votos especiais, como veremos mais tarde ao falar dos *Bodhisatvas*, seres que podemos aproximar da noção de "santos" e/ou "heróis espirituais" e que serão extremamente populares no contexto do tronco das tradições Mahayana, surgidas vários séculos após a morte do Buda.

(vi) Esforço Correto. Com o esforço correto, penetramos no núcleo duro da prática da trilha budista, que correlaciona esforço, atenção e meditação. O esforço é compreendido como um dos aspectos mentais decisivos, junto com a atenção, para a perseverança da prática ininterrupta do estado meditativo em seus vários estágios. Por não acreditar num Deus e, por isso mesmo, na noção de "graça", o Buda enfatizava recorrentemente a necessidade do esforço pessoal para a realização do fruto final do sendeiro. Em seu último discurso, imediatamente antes de falecer, o Buda enaltece o esforço individual, afirmando que todos devem praticar o caminho diligentemente, já que, para se tornar um Desperto, são necessárias inumeráveis transmigrações totalmente dedicadas à nobre busca. Nesse sentido, o esforço perpassa todos os outros sete exercícios espirituais, na medida em que o esforço contínuo é percebido como sendo a mola-mestra que reveste de vigor e vontade focada as outras práticas.

(vii) Atenção Correta. A atenção é peça-chave ao longo do caminho. É a atenção que permite a observação contínua do corpo, dos seus elementos, da mente e dos seus conteúdos, que perfazem o conjunto de práticas meditativas formais desenvolvidas pela tradição, como veremos posteriormente no capítulo seis. Atenção, aqui, também poderia ser traduzida como "consciência", isto é, estar a todo instante, idealmente, consciente daquilo que nos constitui, quem de fato somos, de nossas circunstâncias e do que estamos fazendo. Porém, para evitar confusão com a noção de "consciência" enquanto manifestação da senciência da mente e da sensibilidade dos sentidos, optou-se por traduzi-la, aqui, desta maneira: como *atenção*. A expressão original em Sânscrito é *smirti*, que também está relacionada com a dimensão da memória. Neste sentido, pode-se explorar esse matiz da expressão como significando a necessidade de nos lembrarmos constantemente dos elementos elencados acima e também de cada um dos passos do caminho. A memória reveste-se, então, da possibilidade de se poder modalizar voluntariamente o corpo e a mente para as muitas manifestações das práticas descritas pela tradição.

(viii) Meditação Correta. Chegamos ao ponto mais técnico do caminho: a prática da meditação formal. Esta prática é particularmente importante dada a universalidade da ênfase de todos os ramos da tradição acerca da sua centralidade. O Buda recorrentemente enfatiza a necessidade da prática meditativa constante, idealmente em local isolado, tranquilo e silencioso:

> ir para a floresta e sentar à sombra de
> uma árvore ou numa cabana vazia;
> sentar-se com as pernas cruzadas e,
> com o corpo ereto, estabelecido na

> consciência, se tornar consciente da(s) (várias formas de) respiração...das quatro posturas do corpo [sentado, em pé, andando e deitado], das diferentes partes do corpo etc.; ...consciência dos sentidos...consciência da mente... consciência dos elementos (Majjhima Nikaya 10.4-45).

Veremos posteriormente, de forma mais detalhada, as instruções para a sua prática e os resultados esperados. Agora importa destacar os dois objetivos principais do esforço meditativo: a tranquilidade (*shamata*) e a análise (*vipassana*) dos elementos que organizam a realidade. Tradicionalmente, apesar de variáveis locais, os mestres budistas afirmam que o primeiro objetivo da meditação é o de acalmar o corpo e a mente para que seja possível, então, se dedicar à análise dos elementos. Acalmar o corpo e a mente implica seguir à risca as instruções meditativas transmitidas, de forma necessariamente customizada, dada a multiplicidade dos tipos de buscadores, pelo mestre espiritual, já que, não obstante a existência de centenas de livros e de outros auxílios para a sua prática, *nada, absolutamente nada* substitui a presença e a outorga oral e direta do mestre, que ensinará desde os fundamentos da técnica (postura, atitude mental, respiração, foco da atenção) até o esclarecimento dos vários estágios mentais, cada vez mais profundos, que progressivamente são alcançados no decorrer da prática. O guia experiente é incontornável na condução dos discípulos, uma vez que o mestre também já passou pelos mesmos processos de aprendizagem e de prática. É na prática da meditação que o Budismo se manifesta de forma mais singular e decisiva, posto que a meditação é o caminho imprescindível – o Buda chega a dizer que é o *único caminho* – para que seja possível a experiência do Despertar.

Além da prática da nobre senda e da observância estrita dos votos formulados, existe um conjunto de elementos cuja prática também deve ser estimulada. Quando eles não se encontram presentes, o despertar se revela intangível. São os chamados "Elementos [que conduzem ao] Despertar" (*bodhiprakriya dharma*), que são divididos em sete grupos: I – Os quatro tipos de atenção/consciência: (i) atenção no corpo, (ii) atenção nas sensações, (iii) atenção na mente, (iv) atenção nos elementos mentais; II – Os quatro esforços: (v) procurar evitar o surgimento das más qualidades, (vi) procurar limitar a influência das más qualidades surgidas, (vii) procurar criar o surgimento das boas qualidades, (viii) procurar estimular o crescimento das qualidades já surgidas; III – As quatro bases dos poderes: (ix) desenvolver a base do poder da concentração e do esforço, (x) desenvolver a base do poder da concentração baseado na persistência e no esforço, (xi) desenvolver a base do poder da concentração baseada na persistência e na geração do esforço, (xii) desenvolver a base do poder da concentração baseado na discriminação e na produção do esforço; IV – As cinco faculdades: (xiii) a convicção, (xiv) a persistência, (xv) a atenção/consciência, (xvi) a concentração, (xvii) a sabedoria; V – As cinco forças, (xviii) a força da convicção, (xix) a força da persistência, (xx) a força da atenção/consciência, (xxi) a força da meditação, (xxii) a força da sabedoria; VI – Os sete fatores do despertar: (xxiii) a atenção como fator do despertar, (xxiv) a análise dos elementos como fator do despertar, (xxv) a persistência como fator do despertar, (xxvi) o enlevo como fator do despertar, (xxvii) a serenidade como fator do despertar, (xxviii) a meditação como fator do despertar, (xxix) a equanimidade como fator do despertar; e VII – o Nobre Caminho Óctuplo visto acima: (xxx) visão correta, (xxxi) intenção/vontade correta, (xxxii) fala correta, (xxxiii) ação correta, (xxxiv) vida correta, (xxxv) esforço correto, (xxxvi) atenção/consciência correta e (xxxvii) meditação correta.

Mais do que um elenco ideal e abstrato de virtudes e práticas, os elementos destacados irão assumir importância central na prática do caminho budista. A leitora atenta perceberá também que o conjunto de fatores em tela pode e deve ser compreendido como um conjunto de *causas* e a reunião das *condições* de possibilidade para se atingir o Nirvana. E, assim, chegamos à outra dimensão muito importante do Budismo: as noções correlatas de causas e condições. O Buda e a tradição enfatizam sobremodo tanto a causalidade quando a condicionalidade. Dadas as causas e condições necessárias para que algo ocorra, esse algo irá ocorrer; não estando reunidas as causas e as condições para que algo aconteça, algo não irá acontecer. O Budismo se preocupa muito em analisar os elementos que constituem tanto a realidade como o caminho para o despertar, porque ele está convencido de que um fenômeno ou um ser só surgem quando aquela dupla de princípios ocorre. Dando-se uma boa semente, boa terra, água e sol na medida certa, uma planta surgirá. Não estando presentes essas condições (ou todas, ou algumas), a planta não surgirá. E assim é para absolutamente todo e qualquer fenômeno. Não é à toa, portanto, que a tradição se revela zelosa no elenco de causas e condições necessárias para a materialização da caminhada espiritual. Essa causalidade, é importante que se frise, não diz respeito somente ao despertar ou a algumas partes do real. Absolutamente *tudo aquilo que ocorre e surge* (sofrimento, alegria, prazer, dor, ser humano, árvore, animal, planeta, universo) depende dessa dupla raiz, que organiza e desorganiza os fenômenos e seres de acordo com a sua presença ou ausência. É por esse motivo também que a espiritualidade budista por vezes é considerada "analítica", "fria": a análise das condições de ocorrência daquela dupla raiz pela meditação constante se faz necessária para que seja possível, através da atenção e do esforço, neutralizar as condições de surgimento do sofrimento (ignorância, desejo) e fomentar as condições de surgimento daqueles fatores necessários para o progresso no sendeiro (compaixão, sabedoria etc.). Nesse sentido, a suposta "frieza" – que poderíamos melhor chamar de análise desapaixonada – se revela também uma condição essencial para se lançar na aventura espiritual proposta pela tradição.

Finalmente, cabe agora falar de uma importante noção da tradição. Na realidade, talvez seja essa a característica mais peculiar da visão de mundo budista, uma perspectiva que foi compreendida como sendo a contribuição mais original do acervo conceitual budista e que também remonta à noite do despertar do próprio Buda: a noção de originação codependente (*pratitya samutpada*) ou, para simplificar um pouco a expressão, a interdependência de todos os seres e fenômenos.

"Quem consegue enxergar a originação codependente consegue enxergar o Dharma". Esta importante declaração remonta a Ananda, primo e auxiliar direto do Buda por mais de trinta e cinco anos. Mais do que isso, segundo o próprio Buda, a originação codependente, que continuaremos a chamar simplificadoramente de interdependência ao longo deste livro, é algo muito difícil de ser percebida e ainda mais complicada de ser explicada. Contudo, é necessário recordar que boa parte daquilo que estamos chamando de noções e conceitos ao longo deste livro são, antes de tudo, experiências vistas e percebidas através de estágios meditativos profun-

dos. Quando se tenta transladar a experiência para o campo das palavras, geralmente estas ficam aquém da experiência vivida. Cautelas tomadas, tentemos entender o que isso significa.

A expressão originação codependente (*pratityasamutpada*) pode ser decomposta na língua Sânscrita em *pratitya*, "dependência, relação, relação causal", adicionada a *sam*, prefixo de conjunção, e *utpada*, "surgimento". A expressão, portanto, aponta para um "surgir em conjunto", isto é, o aparecer de alguma coisa a partir de uma conjunção de fatores determinantes, daí a expressão ter sido diversamente traduzida por "gênese coletiva", "originação coemergente", "originação codependente", "originação interdependente" ou, simples e simplificadoramente, como "interdependência". Como se vê, a noção está profundamente conectada com os conceitos de causas e condições.

Essa originação interdependente é unanimemente declarada por todas as tradições do Budismo como sendo o melhor instrumento para a correta compreensão dos fenômenos, como sendo uma parte importante daquela "Visão Correta" a ser cultivada por todos aqueles que percorrem a senda budista. Esse instrumento de análise do real é apontado pela tradição como a principal contribuição específica do Buda ao enorme elenco de visões de mundo surgidas na Índia antiga e, como dissemos, remontaria ao próprio processo de despertar do Buda quando da sua celebrada vigília em busca da iluminação em Bodh Gaya.

Tradicionalmente, a utilização da originação codependente como instrumento analítico é desdobrada em doze membros e está costumeiramente centrada na tentativa de clarificar as origens do sofrimento humano (*duhkha*). Nesse sentido, uma apresentação da originação codependente "clássica", com seus doze segmentos, oferece a seguinte sequência, tomada aqui do *Bahudhatukasutta*, "o discurso acerca dos vários elementos [que compõem a existência]". Quando Ananda pergunta ao Buda de que maneira se pode dizer que um budista de fato entende corretamente a originação interdependente, o mestre responde:

> neste caso, Ananda, a [pessoa] deve entender que: quando isto surge, surge também aquilo; quando isto aparece, aquilo também aparece; quando isto não vem a ser, aquilo não vem a ser; com a cessação disto, aquilo cessa. Exemplificando: a ignorância condiciona (literalmente frutifica, amadurece) as determinações; as determinações condicionam a consciência; a consciência condiciona o complexo psicofísico; o complexo psicofísico condiciona a sensibilidade [lit. as seis bases sensíveis]; a sensibilidade condiciona o contato; o contato condiciona a sensação; a sensação

condiciona o apego; o apego condiciona o desejo; o desejo condiciona o vir-a-ser; o vir-a-ser condiciona o nascimento; o nascimento condiciona a velhice, a morte a dor, as lamentações o sofrimento etc.
(Majjhima Nikaya 115.11)

O primeiro ponto que salta aos olhos é o fato de que o sistema se fecha num círculo que parte do sofrimento e retorna ao sofrimento. Esse fato exemplifica o interesse fundamental do Budismo, cristalizado nas suas "Quatro Nobres Verdades": a constatação da existência do sofrimento, a possibilidade da sua extinção, a possibilidade de elaboração de um método para tal extinção e, finalmente, a prática do referido método, este desdobrado no óctuplo caminho para a cessação do sofrer. É importante lembrar que a analítica do sofrimento é somente um dos exemplos da utilização da originação codependente. Em outras situações, por exemplo, a interdependência é exemplificada em análises de diversos fenômenos: a consciência, a sensação é ilustrada com diversos exemplos, p. ex., o surgimento do fogo (a conjunção de combustível, comburente etc. Por isso, a chave para a compreensão da interdependência parece estar na sua formulação mais breve: *com o surgimento disto, surge aquilo*. Isto quer dizer que todo e qualquer fenômeno ou ser possuem como origem fatores que determinam o seu surgimento: causas e condições. Retiradas essas, o ser ou fenômeno não ocorrem. O objetivo do caminho budista, por isso, é o de identificar as causas do surgimento do sofrimento ou, em outras palavras, identificar aquilo que torna possível o Despertar. Daí a longa lista de fatores que conduzem àquela experiência de libertação. Em resumo, quanto mais atento se estiver em relação às causas e condições do surgimento do sofrimento, i.e., a ignorância e o desejo, mais fácil será neutralizar o seu aparecimento. Por isso, quanto mais atento estivermos – através da meditação e do esforço contínuo –, estaremos criando as condições de possibilidade da ocorrência da Iluminação.

Quatro Nobres Verdades, Nobre Caminho Óctuplo, impermanência, insubstancialidade, sofrimento, causalidade e a originação codependente. Eis, em resumo, alguns dos principais pontos que merecem destaque em termos de ensinamentos específicos da tradição. Mais adiante, teremos a oportunidade de estender a rede de ensinamentos budistas ainda mais, com a importante noção de vacuidade (*shunyata*), que irá aparecer de forma mais nítida nos desenvolvimentos posteriores da tradição, no contexto do surgimento de um tronco do Budismo chamado Mahayana, uma nova maneira de enxergar boa parte daquilo que vimos até aqui. Todo esse acervo de perspectivas e práticas, contudo, remontam ao despertar do Buda, ou seja, tudo aquilo que foi visto neste capítulo se origina do mapeamento, da cartografia espiritual vista, organizada e proposta pelo Buda. Por isso, é importante tentar compreender melhor a natureza desse ser que, graças aos seus esforços, ao longo de várias transmigrações, conseguiu atingir o despertar.

Terceira Lição

A natureza do Buda e o Despertar

3.1 Budas e Bodhisattvas

O universo budista desconhece um Deus criador. O cosmos se organiza a partir daqueles princípios naturais, materiais e imanentes apresentados acima: causas, condições e originação codependente, ao contrário, por exemplo, da natureza transcendente da divindade nas tradições judaico-cristãs, que cria a totalidade da existência e, ao mesmo tempo, se encontra além dela. Para o Buda, o *samsara*, este ciclo aparentemente infinito de encarnações sucessivas, não possui nem um começo nem um fim específico. Nessa perspectiva, os budistas são herdeiros diretos de algumas antigas cosmologias hindus, que afirmam que a existência possui ciclos contínuos de criação e destruição; esses ciclos (*kalpa*) são recorrentes e infinitos. O universo budista, contudo, possui várias dimensões que se estruturam hierarquicamente. Todos os seres que habitam naquelas várias dimensões, ou esferas, são alocados a cada uma delas de acordo com o seu karma, isto é, a partir da vontade que ilumina as ações de cada criatura. É importante frisar que o esquema que se segue pode ser lido também pela perspectiva psicológica, ou seja, as dimensões descritas podem ser compreendidas como "mundos, dimensões" ou "estágios mentais/espirituais".

Segundo algumas tradições do Abhidharma, o *samsara* possui trinta e um níveis, ou dimensões, apesar de algumas discrepâncias pontuais. Essas trinta e uma dimensões podem ser reunidas em três grandes grupos: o reino da forma ou da sensibilidade (*karmadhatu loka*), o nível mais baixo; o reino da forma pura ou da materialidade sutil (*rupadhatu loka*), intermediário; e a dimensão sem-forma (*arupadhatu loka*), no topo. A dimensão da forma é habitada por todos aqueles seres que possuem os cinco sentidos e a mente, isto é, onde vivem todos aqueles que possuem uma estrutura psicofísica que lhes permite interagir conscientemente com a realidade. A dimensão da sensibilidade, por sua vez, é dividida em "destinações ou moradas felizes" e "destinações ou moradas infelizes". As destinações infelizes são aquelas habitadas pelos seres que recorrentemente praticam ações deletérias (*akushala*) com o corpo, a fala e a mente: matar, roubar, conduta sexual imprópria, mentir etc. Essas moradas da infelicidade são constituídas por um número variável de "infernos" (locais de expiação duradouros, porém não eternos); pela dimensão de seres desencarnados, chamados de "fantasmas (*pretas*) famintos", seres em constante estado de fome e sede pelo reino animal; e, segundo algumas variáveis, um reino de deuses (*asura*) ciumentos. As destinações felizes reúnem um conjunto de formas de existência prazerosas: a condição humana, ou a existência como uma divindade (*deva*) num dos seis "paraísos" da dimensão da sensibilidade. O renascimento nessas esferas se dá pela realização de ações positivas (*kushala*) com o corpo, a fala e a mente.

Acima dessa dimensão da sensibilidade, existe o reino das "formas puras", que são elencados em dezesseis, dezessete ou dezoito dimensões, de acordo com a fonte. Essas dimensões são habitadas por uma classe de deuses chamados "Brahmas", que possuem consciência, mas somente dois sentidos: a visão e a audição. Para renascer nesses mundos é necessário o domínio de estágios meditativos extremamente sutis, chamados, coletivamente, de *dhyana*. A partir da capacidade de equalização e pacificação da mente, e da restauração do estado natural límpido e translúcido dela, pode-se alcançar as cinco dimensões mais profundas/altas, as chamadas "moradas puras", e estas são habitadas por divindades que se encontram em adiantado estado de desenvolvimento espiritual, esperando para encarnar pela última vez, para atingir o despertar e guiar os seres no nobre sendeiro, ou seja, todos aqueles que se encontram à beira do último renascimento, quando atingirão, certamente, o Nirvana.

A dimensão suprema, ou o reino do "sem-forma", tradicionalmente subdividido em quatro instâncias, é caracterizado pela natureza incorpórea dos seus habitantes. Somente formas muitíssimo puras de consciência se encontram nesta dimensão que, como aludimos acima, pode também ser caracterizada por uma realidade psicológica altamente refinada.

Nesta dimensão material em que habitamos, uma dimensão intermediária entre aqueles "paraísos" e "infernos", a realidade é organizada em vários níveis que são concebidos concentricamente (*chakravada*). No meio deste universo material encontra-se uma grande montanha, o Monte Meru ou Sumeru, o eixo ao redor do qual se localizam os vários continentes e oceanos (sete anéis de cadeias de montanhas e oceanos concêntricos), que compõem a geografia mundial indo-budista. Essa perspectiva, é bom notar, também é uma das várias heranças da antiquíssima visão de mundo indu e, provavelmente, refletem de forma estilizada a cadeia de montanhas do Himalaia, os grandes rios do Norte da Índia e os oceanos que a cercam. Além desses círculos concêntricos, na direção dos quatro pontos cardeais, encontram-se os quatro grandes continentes da Terra. O continente da direção Sul é aquele que mais nos interessa. Ele é chamado de *Jambudvipa*, "a ilha da macieira rosa", ou a "ilha do jambo". Este é o continente habitado pelos humanos, e é nesse continente que surgem os Budas.

A tradição cedo se debruçou demoradamente sobre a natureza do Buda, o mestre exemplar; porém, ao longo do seu caminho, o budismo desenvolveu várias percepções, por vezes discordantes, acerca da natureza do seu fundador. Como originariamente a tradição não possuía um Deus, ou um panteão de Deusas ou Deuses, a figura do Buda assume a centralidade da reflexão acerca daquele que foi o ser – humano – ideal. Mais do que isso, quando se fala do Buda, do Desperto, estamos falando de alguém que não só atingiu o ápice da condição humana, mas solidariamente mapeou e transmitiu o caminho para o Nirvana. Todavia, por vezes se esquece que este Buda, Siddhartha Gautama, ao qual estamos nos referindo ao longo deste livro, não foi, de modo algum, o único Buda. Apesar de todos nós, seres sencientes, possuirmos as condições para alcançar o estado do despertar, ou seja, para nos transformarmos em Budas, os chamados "Budas históricos", como Siddhartha Gautama e outros, fazem parte de uma extirpe cósmica de Budas. Não houve *um* só Buda. Toda vez que o Dharma, o conjunto de ensinamentos budistas, declina, um novo Buda surge e, sozinho, redescobre o Dharma. É por isso que a tradição elenca uma série de Budas que surgiram, viveram e ensinaram o Dharma neste ciclo cósmico no qual estamos vivendo. Siddhartha Gautama também não será o último Buda; a própria tradição prediz que, após este momento de expansão do Dharma em que estamos vivendo, os ensinamentos declinarão e, mais uma vez, outro Buda surgirá no futuro. Além de Siddhartha Gautama, os dois Budas mais comentados pela tradição são o imediatamente anterior a Siddhartha, chamado "Dipankara", que viveu em eras passadas e junto ao qual Gautama teria convivido como discípulo há muitas vidas passadas, e o próximo da série após Gautama, chamado "Maitreya", que surgirá em algum momento de um longínquo futuro, antes do final deste ciclo cósmico. Como vimos, os budistas partilham, de um modo geral, da noção hindu de infinitos e longos ciclos cósmicos recorrentes. De acordo com a cosmovisão budista, não se pode detectar um "começo" da existência, já que a realidade se organiza a partir de ciclos intermináveis de expansão e contração cósmica. Cada um desses ciclos possui certa quantidade de Budas, que surgem e desaparecem a partir do declínio e do posterior ressurgimento do Dharma. Incidentalmente, este ciclo cósmico no qual estamos vivendo é considerado particularmente positivo, já que nele surgiram, e surgirão, ao todo, sete Budas. Siddhartha Gautama é o penúltimo deles, Maitreya, como vimos, será o próximo. E é por isso também que, por vezes, a tradição nos diz que Siddhartha Gautama não teria "descoberto" o Dharma, mas simplesmente o "redescoberto", isto é, ele teria compreendido a natureza última da realidade e rearticulado os ensinamentos para a situação histórica em que ele apareceu. Os Budas, por isso mesmo, são considerados seres tão excelsos e augustos que, apesar de não possuírem um *status* de divindade, acredita-se que são superiores aos vários deuses e deusas, já que, apesar de esses deuses e deusas serem considerados pela tradição como seres excepcionais, eles ainda se encontram sob a influência das paixões, devendo, portanto, encarnar como humanos e seguir o Dharma para se libertarem. Por isso, quando falamos de "Budas", é importante lembrarmos que estamos falando de dois "tipos" de Buda: (i) um estado que pode ser alcançado por todos aqueles que seguem fielmente o Nobre Sendeiro; e (ii) um ser humano especial, que possui características especiais que o diferenciam dos outros despertos (*arhant*), predestinado a cumprir um papel cósmico específico: a redescoberta e a adequação dos ensinamentos às circunstâncias vigentes, ou seja, apesar de todos potencialmente poderem vir a alcançar o estado de Buda, existem Budas que desempenham esse papel cósmico fundamental na revelação do Dharma e no estabelecimento da Sangha, a comunidade dos fiéis.

Contudo, com o despontar da tradição Mahayana, a figura do Buda sofreu uma metamorfose interessante, já que, com as diversas transformações da tradição, surge dentro dela, após alguns séculos, um novo ideal de praticante e um novo ideal do Despertar: a figura do Bodhisattva, o ideal espiritual da tradição Mahayana que, originária de uma série de transformações do Budismo indiano, se espalharia pela Ásia Central e pelo Extremo Oriente.

Não sabemos ao certo o significado originário da expressão "Bodhisattva". Alguns afirmam que ela significa "aquele cuja natureza encarna o Despertar"; outros defendem o sentido da expressão como sendo "aquele que possui a potência para o Despertar" ou "aquele que tende para o Despertar". O que de fato sabemos é que essa expressão já aparece nos estratos mais antigos da tradição, sendo que o Buda a utiliza frequentemente quando ele se refere à sua condição *antes* do Despertar. Nesse sentido, é comum nos textos que o Buda se dirija aos monges e às monjas da seguinte maneira, quando ele começava a contar uma história da sua vida ocorrida antes do evento do Despertar: "naquela época, monges, eu era um jovem Bodhisattva etc." Porém, com o passar do tempo e com o surgimento da tradição Mahayana, a figura do Bodhisattva foi ressignificada, reunindo um conjunto de valores e expectativas que não se encontravam nos estratos mais antigos dos textos.

Segundo o tronco budista Mahayana, os Bodhisattvas, com seus votos novos e radicais, não obstante a continuidade das práticas consagradas pela tradição (meditação, sabedoria, ascetismo), estariam espiritualmente adiante daqueles buscadores pertencentes às correntes mais antigas que acabamos de ver, chamados, pelos aderentes do Mahayana, de *shravakas*, "os ouvintes", isto é, aqueles que ouviram diretamente do Buda o Dharma. Contudo, a tradição Mahayana (literalmente, o "Grande Veículo", supostamente onde "todos caberiam") também criou uma expressão negativa para aquele conjunto de valores e práticas abraçadas por aquela comunidade mais antiga: "Hinayana", o "Pequeno Veículo", que, supostamente, de acordo com a tradição Mahayana, tornava aqueles antigos buscadores autocentrados nas suas práticas espirituais. As práticas dos Bodhisattvas, sempre de acordo com a tradição Mahayana, englobariam todos aqueles estágios praticados pelos Antigos e os alçariam às dimensões mais abrangentes e profundas da vida espiritual.

A natureza da personalidade dos Bodhisattvas, num primeiro momento seres humanos, mas depois transformados em entidades sobre-humanas, reuniu aos seus redores importantes cultos devocionais por toda a Ásia, além de serem importantes propagadores de doutrinas que não foram explicitamente divulgadas pelo Buda histórico. Assim, o Budismo assistiu à transformação da figura dos Bodhisattvas humanos em semidivindades, controlando dimensões cósmicas distintas e possuindo "universos particulares". Um desses Bodhisattvas não humanos, por exemplo, é Amitabha ou Amitayus ("Luz infinta"), que, segundo especialistas, seria fruto do encontro do Budismo com a religião Zoroastriana na Ásia Central. A carreira desse Bodhisattva, contudo, atingiria, por questões históricas interessantes e complexas, o seu ápice na China, onde se transformou numa deusa, chamada Kwan-yin, e, posteriormente, no Japão, se tornaria, lá, um dos principais polos gravitacionais do Budismo japonês, ao redor do qual se constituiriam as diversas denominações devocionais da Terra Pura. Outros famosos Bodhisattvas são, entre vários, Avalokiteshvara e Manjushri; o primeiro é considerado a encarnação da devoção, daí os seus mil braços para resgatar os seres humanos do atoleiro do Samsara; o último, Manjushri, está ligado à Sabedoria e à prática das virtudes e perfeições. Como veremos no próximo capítulo, a figura do Bodhisattva surge com um novo tipo de literatura budista, chamada *Prajñaparamita*, "a perfeição da sabedoria", e, nesses novos textos, alguns Bodhisattvas chegam a assumir o papel do Buda como instrutores e pregadores desse novo tipo de conhecimento que, supostamente, abrangeria e superaria as práticas daquelas comunidades mais antigas. Porém, é fundamental frisar que tanto a figura quanto as características dos Bodhisattvas já se encontravam presentes, como vimos, desde os primórdios da tradição, sendo a diferenciação exagerada entre esses e os *arhat* (aqueles que alcançaram o despertar) ou *pratyekabuddhas* (os Budas "solitários", que despertam, mas não pregam o Dharma), aparentemente, um problema mais de ênfase nos votos e nas práticas do que propriamente doutrinário. Tanto assim que, de acordo com os relatos de viajantes chineses budistas na Índia antiga, era comum monges das tradições mais antigas conviverem pacificamente, no mesmo mosteiro, com monges que abraçavam essas novas doutrinas.

Um outro desenvolvimento importante no ambiente Mahayana, no que tange à reflexão acerca da natureza do(s) Buda(s), foi a possibilidade de enxergá-lo como possuidor de três corpos, ou melhor, de três modos de manifestação. O primeiro modo de manifestação seria o corpo material, o conglomerado psicofísico de Siddhartha Gautama. Esse modo de manifestação do Buda é chamado de *nirmanakaya*, o "modo da emanação ou materialização". A segunda dimensão ou modo de manifestação do Buda seria o chamado *sambhogakaya*, o "modo de desfrute ou deleite". Essa dimensão possui uma materialidade rarefeita, geralmente caracterizada como sendo constituída por um corpo de luz. Finalmente, o Buda também possuiria uma manifestação que se confunde com a própria constituição da realidade e dos ensinamentos que a revelam. Não é à toa que essa manifestação é chamada de *dharmakaya*. Essas três dimensões da natureza do Buda foram objeto de sofisticadas análises e interpretações, que criaram uma verdadeira rede de significados antropocósmicos, isto é, que relacionavam cada uma daquelas formas de manifestação com diferentes aspectos da constituição da fisicalidade individual do Shakyamuni com níveis psíquicos profundos e dimensões ocultas da realidade. Essa tessitura elementar-psíquico-cósmica criou as condições, também, para uma série de novas perspectivas acerca da natureza dos Bodhisattvas.

É por isso que, apesar das diferenciações e gradações, dos votos e práticas distintos, o que todos os budistas almejam é a mesma meta, a libertação do sofrimento, o Despertar, e, portanto, é muito importante compreender como o Budismo compreendeu a natureza do Despertar.

3.2 A natureza do Despertar (Nirvana/Bodhi)

O grande evento da história do Budismo é, sem dúvida alguma, a experiência singular do Despertar espiritual, da Iluminação da mente. Por isso, o despertar de Siddhartha Gautama em Bodh Gaya se revela como o evento paradigmático que alimenta as promessas feitas pela tradição. Apesar de a forma e as circunstâncias dos despertares individuais variarem – temos os relatos de centenas dessa experiência em todas as correntes budistas –, o *conteúdo* dela é extremamente nebuloso por vários motivos. O primeiro deles é a diferente natureza e trajetória dos indivíduos que a alcançaram. Um outro motivo são as circunstâncias culturais e históricas na qual a experiência ocorreu. Finalmente, e talvez mais problemático do que todo o restante, seja a incapacidade de se traduzir em palavras uma experiência absolutamente incompreensível do ponto de vista racional e articulá-la de forma linguística. Aqui, as palavras perdem o sentido, já que, não obstante as diversas descrições do mesmo evento em contextos sociais completamente diversos, a única unanimidade existente é o seu caráter inefável e transcendente. Como utilizar a linguagem do Samsara para falar sobre e tentar elucidar a natureza do Nirvana? A questão é complexa e, por isso mesmo, nesta parte, tentaremos explicitar somente aquilo que a própria tradição explicita; além disso, só o silêncio.

O verbo sânscrito *BUDDH*, "despertar", é um dos principais verbos que alimentam o vocabulário budista: *Buddha*, "o desperto", *bodhi* "o despertar", *bodhicitta* "o despertar da mente para o caminho", *bodhisattva* "aquele que incorpora, que encarna e que conduz a/o despertar", Bodh Gaya, o local do despertar do Buda. A expressão *bodhi* se remete ao processo do despertar do Buda em sua celebrada vigília em Bodh Gaya, na qual, segundo o seu próprio relato, ele teria penetrado, durante quatro momentos distintos da noite, em estados e dimensões mentais, como veremos posteriormente, chamados tecnicamente de *jhanas*, absolutamente desconhecidos. A expressão, então, também se refere à radicalidade da experiência de se transformar num veículo capaz de vivenciar a dimensão humana mais ampla, mais salutar, mais rara e, além disso, transmitir aos outros o caminho que levou àquela experiência. Mais do que isso, aquele despertar do Buda materializa, para todo o restante da tradição, não só a culminância da vida espiritual, como também a meta única a ser atingida, já que o próprio Buda nos alerta para o perigo de pararmos no meio do caminho ao atingirmos dimensões de paz e tranquilidade profundas, e até mesmo no perigo de estacionarmos antes do fim, ao se adquirir algum tipo de poder psicofísico. Nada, absolutamente, absolutamente nada nos deveria deter antes de adquirirmos aquilo que a tradição chama de *samyaksambodhi*, o "completo despertar". Essa experiência radical implica um "acordar já acordado", uma vigília dentro da própria vigília, uma dimensão de consciência dentro da própria consciência; esta iluminada, agora, pelo afastamento do "sono da consciência", daí ser recorrente também a tradução de "iluminação" para *bodhi*. Em outras palavras, o que a tradição está nos dizendo é que a vida, tal como conhecemos no nosso suposto estado de "vigília", quando acreditamos estar "acordados", nada mais é do que uma ilusão profunda. A tradição, portanto, vai nos dizer que existe a possibilidade de um "acordar", de um "despertar" da nossa consciência que, apesar de se encontrar dentro de nós, se encontra adormecida pelas nossas crenças e práticas.

Não obstante os vários matizes possíveis, num sentido técnico estrito, o despertar aponta para um evento fundacional: desperta-se para uma nova dimensão da vida humana. A experiência é, sob quaisquer pontos de vista, profundamente transformadora e, segundo alguns, perturbadora, já que a mente obscurecida se recusa a morrer, alimentando-se constantemente de ignorância e desejo, as duas pernas que nos conduzem aos ciclos infinitos de transmigração no Samsara. No despertar, alumiam-se a mente e os processos e eventos mentais, dispondo-os sob novas luzes, oriundas daqueles constantes exercícios de pacificação e análises dos elementos. Assim, o iluminar da mente se materializa a partir do domínio daquele conjunto de práticas e ensinamentos referidos acima. Nesse sentido, o despertar se consuma na reorganização da vida psíquica, que, doravante, empresta ao agora desperto (Buddha) aquela clareza translúcida da mirada que torna possível experimentar a vida na sua dimensão mais sábia, uma experiência de serena felicidade e agilidade mental e, mais importante ainda, torna-se baliza e farol para aqueles outros que ainda não despertaram, tornando possível, agora, apontar o caminho que conduz àquele despertar, já na capacidade de um ser desperto, um Buda, aquele que transforma e adequa toda situação em ensinamento, em um expediente (*upaya*) para a libertação das irmãs e dos irmãos de aventura espiritual.

É importante lembrar que a expressão *Bodhi* e o termo *Nirvana* são os favoritos para se referir à experiência mais alta da condição humana. Nas tradições *Mahayana*, a expressão *Bodhi* é a mais utilizada, sendo que no vocabulário budista mais antigo que possuímos, aquele da tradição *Theravada*, a expressão favorita é *Nirvana*, este geralmente traduzido por "libertação", "pacificação" ou ainda "extinção" (da condição de dor, apego e desejo). Ambas, todavia, se referem ao mesmo evento, a finalidade prometida pela tradição, o gol do caminho previsto no Dharma, ensinado pelo Buda e praticado pela Sangha. Porém, ocorre um problema, segundo o Buda:

> Este Dharma que eu atingi é profundo, difícil de ver e entender, sereno e sublime, inatingível pelo mero raciocínio, sutil, experimentado somente pelos sábios. Mas esta geração gosta do apego, se deleita no apego, se alegra no apego. É difícil para essa geração ver a verdade, a interdependência, a originação interdependente. E é difícil ver esta verdade, a pacificação de todas as formações, o abandono do espírito

aquisitivo, a destruição do desejo,
o desapego, a cessação, o *nirvana*
(Majjhima Nikaya 26.19).

Como podemos ver, o Nirvana explicado pelo Buda é profundo (*gambhiro*), difícil de ver (*duddasso*), difícil de ser enxergado e de ser compreendido (*anubudho*, "anu + *BUDDH*"), sereno (*santo*), inatingível pelo raciocínio (*atakkavaccaro*), conhecido somente pelos sábios (*panditavedaniyo*). A caracterização do Nirvana, nesse caso, é negativa, isto é, parte de uma análise que valoriza a superação dos aspectos negativos; e positiva, vale dizer, elenca de forma explícita aquilo que pode ser dito acerca dele. Todavia, o depoimento do Buda claramente relaciona a experiência da iluminação a duas dimensões complementares: o adquirir e o se livrar; adquire-se a paz graças à possibilidade de se enxergar corretamente o concerto interdependente e insubstancial dos fenômenos; concomitantemente, conquista-se a libertação do desejo irrefletido, das máculas da ignorância; um cessar do sofrimento, um deitar por terra das dores. Não é à toa que em outra passagem o Buda relacione *Nirvana* e saúde, relacionando ainda a experiência decisiva à suprema sabedoria, a mais excelsa "nobre verdade", i. e., a Quarta Nobre Verdade, aquela que se refere ao caminho para a pacificação do sofrimento, o Nobre Caminho Óctuplo, que coordena, como já vimos anteriormente, o trilhar do caminho com a realização do seu fruto, a libertação.

Literalmente, a expressão nir + *VAN* traduz algo que acaba, que se extingue, um retirar algo de algum lugar, como, por exemplo, a reunião de combustível e comburente que, em conjunto, produzem o fogo. Retirando-se quaisquer dos dois elementos, o fogo não ocorre. Por exemplo, *nirvanyati/e é um verbo que é* tradicionalmente utilizado para dar a noção de esvaziamento, daí *Nirvana* ser por vezes traduzido como "exaustão", "extinção", sempre referentes às paixões e desejos humanos. Neste sentido, o *Nirvana* representa a pacificação, a libertação, a extinção daquelas condições e características da vida irrefletida, não examinada. Será esta concepção "negativa", no sentido de *perder*, de se *livrar de algo negativo*, "quietista" de *Nirvana*, segundo alguns profundamente ascética e relativamente distante do mundo, que a tradição *Mahayana* irá questionar posteriormente.

> Existe, monges, um não nascido,
> não modificado, não produzido, não
> composto. Se não fosse por aquele não
> nascido, não modificado, não produzido,
> não composto, não haveria a possibilidade
> nem de discernimento nem de libertação
> do nascido, do modificado, do produzido,
> do composto. Mas é precisamente porque
> existe algo não nascido, não modificado,
> não produzido e não composto é que se
> torna possível discernir e se libertar do
> nascido, do tornado, do produzido, do
> composto (Udana VIII.3).

Aqui, numa das mais claras formulações daquele estado, a caracterização de *Bodhi/Nirvana* é apresentada segundo aquela interdependência já descrita. Não fosse o *Samasara*, não haveria *Nirvana*. O *Nirvana*, portanto, se apresenta como condição de possibilidade de transcender a esfera dolorosa do *Samsara*. Nesse sentido, *Nirvana* aponta para, mais uma vez, a interdependência dos seres e fenômenos. Sem *Samsara*, não haveria a possibilidade da ocorrência do *Nirvana*. E, sem *Nirvana*, o *Samsara* continuaria a ocorrer infinitamente, porém, como também já vimos, tudo é impermanente, nada é eterno de acordo com o Budismo, nem mesmo o *Samsara*. Todo esse conjunto de ensinamentos, o Dharma, remonta à figura do Buda e à experiência do seu Despertar, e foi minuciosamente preservado, transmitido e adaptado pela Sangha, a comunidade dos praticantes, ao longo da história. Vejamos agora como se deu a fixação, transmissão e transformação da doutrina, o Dharma.

Quarta Lição

A transmissão e elaboração do Dharma

4.1 Os conjuntos de textos fundantes

A tradição budista registra o fato de que, logo após a morte do Buda, a comunidade, a Sangha, teria escolhido quinhentos monges dentre os mais antigos para a recordação e recitação das palavras do mestre, com o objetivo de sua fiel fixação e irradiação. Esta primeira récita teria ocorrido em Rajagriha, cidade escolhida devido à sua capacidade de abrigar tamanha quantidade de membros da ordem. Esse acontecimento ocorreu um ano após a morte do Buda, durante a estação das chuvas – as monções –, quando se reuniram os quinhentos monges presididos por Kashyapa, chamado respeitosamente de *o grande* (Mahakashyapa), um dos líderes da ordem depois da extinção final (*parinirvana*), a morte do Buda. Dois importantes monges foram destacados para a recitação inicial: Ananda, escolhido para se recordar das conversas e dos discursos do Buda; isto é, ele foi o ponto inicial irradiador da fixação dos *sutra*; e Upali foi o escolhido para liderar a recitação das normas da comunidade, o *vinaya*, já que, durante sua vida, o próprio Buda o havia destacado como intérprete da disciplina, tornando-se, assim, o centro de difusão do *vinaya*. A expressão *sutra*, literalmente "fio", é cognata da expressão portuguesa "sutura" e pode ser compreendida, de forma ampla, como significando um ensinamento oriundo do próprio Buda. Os *sutras* budistas, então, podem ser considerados como "um fio que amarra um ensinamento", que podemos, aqui no Brasil, aproximar da noção de "cordel", ou seja, um fio – ou páginas amarradas por um fio – que conta uma história. Esses dois eventos, a transmissão dos *sutras* e do *vinaya*, depois se cristalizaram em *agama* ou *nikaya*. As duas expressões significam "linhas de transmissão", "tradições" especializadas na recitação dos ensinamentos. Os *sutra* ("discursos", "ensinamentos" do Buda), o *vinaya* (a "disciplina" da Ordem) e o *abhidharma*, (os "ensinamentos posteriores") cuja fixação foi mais tardia e controversa, como se verá a seguir, delimitam o conjunto de textos budistas mais primitivos, o chamado *tripitaka* ("os três vasos", as "três coleções"), i.e., as três classes de textos organizados pela comunidade budista mais arcaica.

Possuímos hoje vários fragmentos que variam em tamanho do *tripitaka*, de várias origens (Kashgar, Khotan, Turquestão); completos, porém mais tardios, na China, Tibete e Japão, além dos oriundos da Índia, registrados em diversas fontes linguísticas. Possuímos, em Sânscrito, uma boa parte das três coletâneas, para nos restringir às línguas mais antigas. Porém, o único acervo completo de textos indianos budistas antigos que existe, hoje, em sua forma integral, é o da tradição Theravada, a tradição dos "antigos", cuja formação veremos em breve. Daí a importância seminal dessa coleção, fixada naquilo que hoje chamamos de língua "Páli". Essa coletânea, por ser a única completa que hoje possuímos, será a utilizada ao longo deste trabalho para se referir às escrituras budistas mais arcaicas.

O esforço da rememoração e recitação dos discursos e conversas de Siddharta Gautama recaiu, portanto, sobre Ananda, primo e durante longo tempo servidor pessoal do Buda; a escolha era natural: Ananda havia ouvido mais da doutrina da boca do próprio Buda do que qualquer outro, ao longo de suas andanças pela planície daquilo que hoje são os estados indianos de Bihar e Uttar Pradesh, no Nordeste do subcontinente, polo de irradiação original da tradição. O processo de rememoração dos *sutra* foi assim descrito: Ananda recordava e recitava as conversas que ele havia presenciado, e aquilo que a comunidade aprovasse majoritariamente como "Palavra do Buda" seria fixado como "canônico"; esse mecanismo (a aceitação majoritária por parte da Sangha) foi introduzido pelo próprio Buda em vida para sanar qualquer dúvida acerca daquilo que ele teria ou não dito. Porém, como notam vários autores, um dos problemas da literatura budista é o fato de ela nunca ter sido formalmente "fechada" num documento final, como, por exemplo, a Bíblia ou o Corão. Por não possuir um centro político formal que delimitasse o *corpus* em termos de ortodoxia ou não, esta característica deu origem a um grande número de problemas de ordem interpretativa dos discursos e, junto com problemas na interpretação das regras de conduta foram, sem dúvida, possíveis pontos de atrito no seio da comunidade, e também foram, com certeza, estopins para a sectarização do Budismo primitivo. Posteriormente, como se verá mais adiante, gerações futuras de monges/as afirmariam que houve outras formas e níveis de promulgação da doutrina pelo próprio Buda ou Bodhisattvas, complicando ainda mais a questão e multiplicando exponencialmente o número de textos considerados "canônicos" ou "ortodoxos".

A divisão dos *sutras* se sedimentou sob três parâmetros: o tamanho dos textos, as enumerações e o restante do material, sendo doravante conhecida por *Sutranikaya*, possuindo os seguintes textos:

1) Dighanikaya, composto por cerca de 30 textos longos;

2) Majjhimanikaya, composto por cerca de 150 textos médios;

3) Samyuttanikaya, composto de discursos "conectados" por tópicos;

4) Anguttaranikaya, discursos baseados em listas numerais ascendentes;

5) Khuddakanikaya, também chamada "tradição menor" (do tamanho dos textos, e não de sua importância), já que essa parte reúne um grande número de textos muito famosos, como o *Dhammapada*, um popular clássico budista em versos; os *Jataka*, contos e narrativas alegóricas tendo por centro antigas encarnações do Buda; poemas dos anciões e das anciãs da comunidade (*Theragatha/Therigatha*), celebrando o Buda, os ensinamentos e suas realizações particulares, que veremos com mais detalhes no capítulo sete, além de outros textos anexados ao cânone.

Também ocorreu de acordo com o mesmo modelo da recitação dos *sutras* a recitação, por parte do monge Upali, das regras da comunidade, o *vinaya*; ou seja, um ano após a morte do Buda a comunidade já contava com uma robusta coleção de "textos" que, *é importante frisar*, eram na verdade guardados na memória dos monges e monjas, tanto assim que, posteriormente, cobrava-se dos monges e monjas que enveredassem pelo caminho da pregação a capacidade de recitação de um pequeno conjunto de textos básicos, dos *sutra* ou do *vinaya*. A importância da memória se revela fundamental, já que, naquela época, a escrita ainda não era utilizada na Índia em contextos espirituais e, até hoje, tanto nos ambientes hindus e budistas, decorar um texto é considerado a melhor forma de "possuí-lo", sendo a forma escrita um desenvolvimento tardio em ambas as tradições.

O *Vinaya* variou bem menos que os *sutras*, já que o texto é muitíssimo menor, além de ser recitado em conjunto por toda a comunidade em intervalos quinzenais desde a vida do próprio Buda. A expressão *vinaya* deriva de *vi* + *ni* e significa, literalmente, "controlar, encaminhar, domesticar". Formalmente, esse conjunto de textos regula a vida dos monges e monjas que formam a comunidade budista, isto é, regula a vida de todos aqueles que se submetem a uma ordenação formal, que começa com a tomada de refúgio no Buda, na comunidade e nos ensinamentos e se desdobra na aceitação de vários votos, como vimos, e das outras normas do código, que variam entre 218 e 263 em recensões distintas, sendo que para as monjas o número é um pouco maior. O código se divide em duas partes:

1) *Pratimoksha*, uma lista de comportamentos considerados ofensivos cuja gradação pode levar desde uma confissão pública até a expulsão da ordem;

2) *Vibhanga*, nessa parte, explicam-se as regras do *Pratimoksha* e conta-se a situação histórica por detrás da fixação de algumas normas, além de possuir uma série de previsões que podem ser consideradas uma espécie de "jurisprudência" da comunidade, na medida em que essa seção descreve circunstâncias atenuantes e agravantes daquelas ofensas.

Parecem existir também, em algumas recensões, alguns apêndices a esses textos, tais como as "matrizes" e índices similares aos do *Abhidharma*, que veremos agora.

O *Abhidharma* ("ensinamentos posteriores") possui uma natureza mais controversa. Após algum tempo da fixação das transmissões dos discursos do Buda, os *sutras*, e do código de disciplina, o *vinaya*, começaram a surgir elaborações e aprofundamentos não só para o aprimoramento da difusão daqueles textos, em forma de listas e índices (*matrika*, "matrizes"), divididos em tópicos específicos, acerca do conteúdo dos *sutras* e do *vinaya*. Essas listas, índices ou matrizes, originariamente deveriam se constituir de listas de palavras, de expressões já obscurecidas pelo tempo transcorrido até a sua fixação, pequenas explicações de passagens confusas ou truncadas, apêndices gramaticais, glossários, além de matéria interpretada ou controversa para aqueles que, já distantes algumas dezenas ou centenas de anos desde a difusão daquela literatura mais primitiva, sentiam a necessidade de preservar esse conjunto de textos também como uma espécie de auxílio para a memória ou mesmo como uma elaboração e aprofundamento de tópicos específicos dos ensinamentos ou da disciplina. Acontece que os textos do *Abhidharma* foram produzidos de acordo com os movimentos de sectarização dentro da comunidade primitiva, o que torna particularmente difícil traçar a sua gênese e seus desdobramentos. É deste cadinho que surgirá aquilo que chamamos de *Abhidharma*. Seu crescimento se deu, como se pode imaginar, de forma mais solta e desregulada pelos primeiros séculos do Budismo, tendo, toda essa classe de literatura, sido posteriormente objeto ela própria de exegese, ou seja, de comentários, pelas mãos de alguns autores que viveram entre os séculos III a.e.c. até o século V e.c., dentre os quais se destaca a figura de Vasubandhu, autor de um importante compêndio, o *Abhidharmakosha*, Vasubandhu construiu alguns dos mais impressionantes monumentos literários do Budismo primitivo, sintetizando, organizando e dando inteligibilidade orgânica àquela já vasta literatura, exemplificando de forma emblemática os interesses dos autores desse conjunto de textos. Além disso, resta o fato de que essa literatura, a princípio técnica e em forma de apêndice, foi ao longo do tempo elevada também ao status canônico, complementando com os outros dois corpos de texto aquilo que já referimos como *tripitaka*. Ocorre que sua inclusão naquele conjunto maior de textos não se deu sem alguns problemas. Boa parte das comunidades, isoladas ou distantes em trabalho missionário, por exemplo, não deveria estar familiarizada com esses desenvolvimentos e, provavelmente, não aceitou a sua inclusão na coletânea conhecida (*vinaya/sutra*), havendo mesmo cismas posteriores, como veremos, por causa desse fenômeno. Contudo, é importante frisar o fato de que, desde o início de irradiação do Budismo para outras culturas em outras línguas, os textos do *Abhidharma* viajaram e foram traduzidos com os outros dois grupos de texto, já que possuímos um enorme acervo desse tipo de literatura em chinês e em outras línguas não indianas.

Esse projeto analítico do *Abhidharma* se transformou numa taxonomia dos elementos constitutivos da realidade e implicou um alargamento extraordinário do universo conceitual e interpretativo budista, e uma boa parte das escolas posteriores do Budismo, algumas das quais veremos em breve, escolheram os textos dessa coletânea para fundamentar as suas teses.

A divisão do *Abhidharma* em língua Páli é a seguinte:

1) Vibhanga, a parte analítica em termos de divisões temáticas;

2) Puggalapaññatti, análise da "individualidade" / "sujeitos";

3) Dhatukatha, a discussão sobre os elementos que constituem a realidade;

4) Dhammasamgani, uma enumeração de fatores;

5) Yamaka, os pares;

6) Patthana, as condições fundacionais;

7) Kathavatthu, os pontos controversos da doutrina.

Cerca de cem anos após a morte do Buda, se aceitas as datas tradicionais, em torno de 300 a.e.c., a Sangha sentiu a necessidade de um segundo grande encontro, desta vez, realizado em Vaishali. Ao contrário do primeiro encontro realizado logo após a morte do Buda em Rajagriha, cujo objetivo principal havia sido o estabelecimento de um cânone aceito pela maioria, esse segundo encontro – chamado pelos estudiosos ocidentais de "Concílio", espelhando a história cristã – ocorreu sob a liderança do monge Revata, especialmente para discutir tópicos do *vinaya*, a disciplina, especificamente pontos controversos sobre o acúmulo de riquezas por parte de alguns monges. A questão era delicada: no código de conduta cristalizado, é vedado ao monge o recebimento e mesmo o manuseio de dinheiro; mas como custear as grandes estruturas monásticas, universitárias e hospitalares que iam surgindo, sem o recebimento de dinheiro?

Alguns autores apontam esse momento como o ponto de partida que deu início aos movimentos de sectarização do Budismo, tendo emergido, nos anos seguintes a esse encontro, dois grandes grupos de monges: aqueles que se autointitulavam os *Mahasamghika* ("os da grande assembleia", ou "a maior parte da assembleia"; ou seja, "os do grupo majoritário") e os *Sthaviravada*, depois autointitulado *Theravada* ("os do caminho antigo", "os antigos"). Esta divisão primordial e as subsequentes não devem ser compreendidas num espírito reformista que nos remeta ao espírito das reformas cristãs. Não obstante uma crítica acirrada de algumas partes das tradições, escolas e movimentos budistas posteriores àqueles sedimentados nos ideais e nos discípulos mais antigos, na verdade, boa parte da literatura secundária amplifica esta e posteriores cisões, preferindo esquecer o fato de que até o século VII e.c., na Índia e em outros locais, monges de afiliações diferentes habitarem os mesmos complexos monásticos e educacionais budistas em aparente união, se acreditarmos, como já indicamos, nos relatos de viajantes e peregrinos chineses na Índia entre os séculos IV e VIII da nossa era. Todavia, isso não implica dizer que não havia diferenças; porém, se profundas diferenças havia, estas podem também ser debitadas aos diferentes ambientes que o Budismo encontrou quando de sua transfusão do Nordeste da Índia para o restante do subcontinente indiano e, posteriormente, para a Ásia e, de menor maneira, aos conteúdos doutrinários, já que virtualmente *todas* as escolas budistas ratificam exatamente os mesmos postulados originários que se remetem ao próprio fundador, com maiores variações nos ideais da antiga comunidade e nas disciplinas e métodos específicos para o alcance da experiência libertadora, o Nirvana.

O próximo grande encontro que a tradição registra teria ocorrido sob a égide de um monarca importante para a história da Índia e decisivo para o Budismo: Ashoka, imperador da dinastia Máuria, que ainda fará outras aparições ao longo deste livro. Ashoka foi considerado, dado os papéis dos dois, o "Constantino" do Budismo; isto é, o monarca que "estatizou" o Cristianismo em Roma, tornando-o a religião oficial do Império Romano. Conta a lenda que Ashoka, após testemunhar os efeitos destrutivos de uma grande batalha, teria se "convertido" ao Budismo, tornando-se membro laico e patrono da comunidade. Ele teria, cerca de 250 a.C., reunido a Sangha, sob a liderança de Mogalliputta Tissa, com o objetivo determinado de "purgar" a comunidade de grupos considerados "heréticos", ou daqueles que não conseguiam manter o código de conduta. Dessa vez, os "cismáticos" teriam sido expulsos da Sangha, e o imperador espalhou pelos quatro cantos do seu vasto império uma série de pilares com inscrições de inspiração budista, estimulando a população a adotar os seus ideais e práticas. Ao longo de seu reinado, ele se tornou uma figura instrumental para disseminar o Budismo, ajudando-o a transformá-lo numa religião pan-indiana e, posteriormente, pan-asiática. Um de seus filhos, Mahendra, é apontado como um dos monges líderes desse movimento de irradiação do Budismo, principalmente como o indutor do budismo no Sri Lanka (antigo Ceilão); todavia, esse grande encontro só é mencionado na tradição *Theravada*, que se tornou a principal forma que o Budismo assumiu no sul (Sri Lanka) e Sudeste asiático (Birmânia, Tailândia, Laos, Cambódia, Vietnã e arquipélago malaio). Em 25 a.e.c., sempre segundo a tradição Theravada do Sri Lanka, realizou-se um grande encontro na então capital da ilha, Anuradhapura, sob o patrocínio do rei Vattagamani, com o objetivo único de reduzir à escrita o *Tripitaka*. Remonta a esse encontro a origem do cânone ainda hoje utilizado pelos *theravadin*, aqueles que praticam a forma Theravada do Budismo.

Foi nesse ambiente de grandes encontros, para alguns "concílios", dissidências e sectarização progressiva, que ocorrerá a atomização do Budismo. Todavia, devemos sempre ter em mente que os primeiros relatos de subdivisão da Sangha são visões e versões posteriores, por vezes após um longo período e que, dependendo das fontes utilizadas (por exemplo, chinesas ou cingalesas), as histórias podem ser bem divergentes. Àquela divisão primordial entre os grupos *Theravada* e *Mahasamghika*, sucederam-se incontáveis outras; a partir daqui, as linhas se tornam progressivamente borradas, primeiro devido à falta de informações mais substanciais e, segundo – e talvez pior –, quando possuímos algumas informações, estas são passíveis de múltiplas interpretações, na medida em que não é claro o sentido da expressão "escola" budista: seria esta noção de "escola" uma linha de transmissão particular centrada em um mestre, um conjunto específico de textos considerados "canônicos" por um grupo, interpretações divergentes do *vinaya*, *sutra* e *abhidharma*, por algumas comunidades, práticas e métodos de abordagem dos ensinamentos diversos, ou um pouco de tudo isso em conjunto? Além do mais, o quanto desses movimentos de sectarização interna do Budismo deve ser creditado à dispersão geográfica, cultural e linguística?

Já que esse emaranhado de escolas é muito confuso, a sua discussão profundamente técnica e, para os nossos objetivos imediatos – uma introdução ao Budismo –, pouco relevante, iremos apresentar os movimentos de formação denominacional budista indiana de forma sintética, apontando somente os nexos mais nítidos e destacando somente aquelas "escolas" que porventura representem uma importância seminal, até alcançarmos o movimento *Mahayana*, um marco extremamente importante na história do Budismo.

Tradicionalmente, enumeram-se dezoito escolas budistas antigas, porém, como possuímos informações pouco precisas sobre mais de trinta daqueles grupos distintos, podemos tentar, esquematicamente, a seguinte divisão que, voltemos a frisar, não incide de forma relevante sobre este trabalho. Daquela divisão primordial entre *Theravada* e *Mahasamghika*, se perseguirmos o primeiro grupo, teríamos os seguintes grupos: *Vatsiputriyas* (o grupo "ligado a [o monge] Vatsiputra?) ou *pudgalavadins* ("personalistas"), que afirmavam que existe uma "pessoa" ou "personalidade" permanente na natureza humana. Este grupo foi duramente criticado por correntes contemporâneas e subsequentes, pois supostamente iria de encontro a um dos dogmas do budismo, a doutrina da insubstancialidade (*anatman*). Contudo, respondiam aos seus aderentes que, se não houvesse uma entidade, mesmo que impermanente e cambiante, como seria possível a retribuição moral kármica e o processo de reencarnação? Dois outros ramos que se originam do grupo dos antigos são as correntes *sarvastivada* e *vibhajyavada*. Da corrente *sarvastivada*, famosa por seus esforços escolásticos e grandes produtores de textos do *Abhidharma*, possuímos quase todo o seu *tripitaka*, preservado em chinês; esta corrente parece apresentar algumas variações internas, geográficas e linguísticas. Acreditavam os *sarvastivadin* na existência de todos os elementos e fenômenos (*sarvasti* significa "tudo existe") que compõem a existência, o que também teria causado uma corrente de críticas das outras escolas, já que essa interpretação também feriria o princípio da insubstancialidade. A tradição *vibhajyavada* ("discriminar", "separar") também parece estar ligada à produção daqueles textos taxonômicos que objetivavam elencar as estruturas mais discretas que organizavam a existência a partir de nexos causais. Os *sautrantika*, "aqueles que só aceitam os *sutra*", i.e., não aceitam o *Abhidharma* como texto canônico, parecem ser uma dissensão da corrente *sarvastivada*, e não existe um consenso acerca de sua posição em relação àqueles, já que, por não terem produzido um código de conduta diferente dos s*arvastivadins*, suas posições características parecem estar vinculadas, antes, às perspectivas que não se compatibilizariam com a ênfase dada por todas essas correntes anteriores à cristalização do *abhidharma*.

Do outro tronco, do *Mahasamghika*, parecem ter emergido três ramos originais: as escolas *kaukkutika*, ("do mosteiro Kukkutarama"?), que posteriormente se subdividiram em *bahushrutiya* ("os que muito ouviram") e os *prajñaptivada* ("termo provisório"), isto é, tudo aquilo que existe é somente uma designação linguística, *ekavyavaharika* ("uma convenção"), vale dizer, eles afirmam que tudo aquilo que se afirma acerca da realidade não passa de convenções arbitrárias, e ainda os *lokottaravada*, aqueles que afirmam que o Buda "transcende o mundo". Finalmente, daquele tronco teria também emergido a tradição *caitya*, ligada tradicionalmente ao nome do monge Mahadeva; esta vertente teria uma característica devocional particular, a adoração do Buda em *caityas* ("pequenas capelas").

Além dessas tradições, possuímos informações esparsas e conflitantes sobre um grande número de outras tantas: *haimavata* ("da região do Himalaia"), *dharmaguptaka* ("ligadas a[o monge] Dharmagupta" ou "defensores do Dharma") etc.

4.2 O Mahayana

É desse cipoal de correntes e doutrinas que emergirá não só uma corrente nova ou um conjunto de doutrinas, mas uma maneira nova de encarar o próprio Budismo: mais do que um grupo ou uma escola, um verdadeiro "movimento" que cortava transversalmente e verticalmente a tradição, o movimento *Mahayana*. Existem alguns problemas quando se fala do *Mahayana* no singular, dada a disparidade de correntes, escolas e tradições que são reunidas sob este nome. Nunca houve *um* movimento Mahayana, mas uma série de transformações internas da tradição que foram se segmentando e, posteriormente, separando-se dos seus ramos originários. Interpretações diferentes do Vinaya, dos Sutras, novos votos espirituais, novas línguas e culturas diferentes: tudo isso, em conjunto, ou em separado, deve ser considerado quando falamos de "Mahayana". Por isso, existe um grave problema quando se fala do *mahayana* no singular, e este problema foi detectado de forma simples por Paul Williams, que, utilizando-se das ferramentas conceituais budistas, apontou aquilo que ele chamou de "falácia essencialista":

> ...ela ocorre quando nós pegamos um nome ou descrição e acreditamos que ela deve se referir a um fenômeno unificado... já que a expressão *mahayana* (ou a expressão equivalente em língua local) tem sido usada pelos budistas desde pelo menos o primeiro século a.e.c., desde a Índia, passando pelo Tibete, Ásia central, Mongólia, China e Japão, Extremo Oriente e o Ocidente, ele [o nome ou a descrição] deve, portanto, se referir a algumas características identificáveis que possamos capturar numa definição...o *mahayana não é, nem nunca foi, um único fenômeno unitário abrangente* (WILLIAMS, 2009, p. 15-16).

Mais prudente seria, então, dizermos *Mahayanas*; porém, como o nome é utilizado no singular, continuaremos a utilizar a expressão dessa forma.

Os traços que são geralmente destacados para demonstrar a ruptura entre essa nova forma de encarar o Budismo em relação às antigas, podem ser reagrupados sob algumas características gerais do próprio *Tripitaka*. Na literatura Mahayana, o Buda deixa de ser simplesmente um homem, interagindo com homens em locais humanos. Ele agora é um ser tão excelso que se movimenta com uma hoste não só de monges, mas também com uma plêiade de seres sobrenaturais e um impressionante panteão de Deuses e Deusas que, naturalmente, são considerados largamente inferiores em dignidade ao Buda. Como dissemos anteriormente, um dos traços mais característicos desse movimento é a celebração de um novo tipo de modelo humano, o Boddhisattva, que desbanca o antigo ideal monástico da comunidade, relevando o papel dos leigos no Budismo e atacando, em alguns momentos, os ideais e as práticas que animavam a antiga comunidade dos *arhat* ("realizados", i.e., aqueles primeiros discípulos que alcançaram a libertação), *shravaka* ("os ouvintes", isto é, os primeiros discípulos imediatos) e os *pratyekabuddha* ("os Budas solitários"). Esses homens, e os seus ideais, eram vistos de forma ambígua pelos aderentes do Mahayana: apesar de seus louváveis esforços pelo despertar, eram agora considerados egoístas e alienados da massa humana, carente de líderes e mestres que os apontasse o caminho. Nesse sentido, *"o grande caminho ou o grande veículo"*, traduções literais do termo Mahayana, aqui contraposto ao antigo caminho, que é chamado, como vimos anteriormente, pelos aderentes do Mahayana, agora de Hinayana ("o caminho ou veículo pequeno, menor"). Nesse diapasão, a compaixão (*karuna*), a amizade (*maitri*) e o autossacrifício, relativamente negligenciados nos estratos anteriores da doutrina, segundo os mahayanistas, serão alçados à condição de virtudes (*pramita*) preferenciais, junto com algumas outras; o Buda-no-mundo, o Buda compassivo, o Buda amoroso, que se desdobraram em várias novas perspectivas de salvação espiritual, como, por exemplo, um caminho eminentemente devocional e popular, em que pesem seus sofisticados arcabouços teóricos, como o Budismo da Terra-Pura, ou o milenarismo centrado na figura do próximo Buda, *Maitreya* ("o amigo").

Apesar dos problemas elencados acima, existe um grande consenso de que o Mahayana surge com um novo tipo de literatura, a *Prajñaparamita*, a "perfeição da sabedoria". Temos notícias do surgimento desse novo tipo de literatura a partir das primeiras décadas da era comum. Essa classe de literatura será considerada "Palavra do Buda" para seus aderentes e promotores mahayanistas, que explicarão – de forma problemática, como se verá mais adiante – seu aparecimento. Esses textos, apesar de manterem certa solução de continuidade em relação às doutrinas originais e fundamentais (*anatman, anitya, duhkha, pratityasamutpada*), romperão de forma brusca com as taxonomias de forma e de conteúdo dos tratados do *Abhidharma*. A estrutura de diálogo será retomada, sendo o pano de fundo dos diálogos, como visto acima, completamente revolucionado. Essa literatura foi inaugurada por alguns textos, cuja datação é precária, mas que provavelmente foram escritos durante os primeiros séculos da era comum. Dentre os primeiros textos circulados, destacam-se os *Prajñaparamitashastra* em diversos tamanhos: 8.000, 18.000, 25.000 e 100.000 versos, sendo controverso o fato de os primeiros terem sido posteriormente "esticados" ou "encolhidos.

Outra característica fundamental do Mahayana, além da figura do Bodhisattva, é a noção de vacuidade (*shunyatá*). Este é, sem dúvida alguma, um dos termos mais plurisêmicos, controversos e incompreendidos do pensamento budista. O mal-entendido parece possuir como foco de irradiação aquela arraigada tendência humana em revestir de substância o fluxo elemental impermanente, isto é, transformar os aglomerados insubstanciais e impermanentes em seres, coisas e fenômenos. Além disso, outro problema é que a vacuidade pode ser interpretada tanto como conceito quanto como resultado de uma prática meditativa analítica.

É importante frisar a questão de se transformar práticas em conceitos. Essa dupla natureza de uso prático e conceitual dos termos elencados se funde de forma particularmente impressionante num dos principais *sutras* da história do budismo, o texto Mahayana *Prajñaparamitahridaya*, o "ensinamento sobre a essência da perfeição da sabedoria". Lá, o *boddhisattva* Avalokiteshvara, um dos principais expositores do Dharma nas tradições do Budismo Mahayana, *em profundo estado meditativo*, ao contemplar os agregados (*skandha*) que compõem o real – e, como vimos anteriormente, o ser humano (forma, *rupa*, sensação, *vedana*, percepção, *buddhi*, vontade, *samjña* e consciência, *vijñana*) –, ensina a Shariputra:

a forma é vazia e a vacuidade é forma, forma não difere do vazio e a vacuidade não difere de forma... a sensação é vazia e a vacuidade é sensação...[e assim sucessivamente decompondo todos os elementos]... a percepção é vacuidade e vacuidade é percepção... o mesmo é verdade de todos os elementos... volição, consciência, olho, nariz, ouvido, visão, audição, olfato, nem decadência, nem morte, nem sofrimento, nem originação, nem cominho budista, nem o alcançar (do *nirvana*) nem o não alcançar (do *nirvana*) (Prajnaparamitahridayasutra, *in* CONZE, 1990).

Tudo é vazio. A vacuidade é a melhor forma de se explicar a verdadeira natureza da realidade. Nagarjuna, um dos principais pensadores ligados à tradição Mahayana, sintetiza o problema no *Bodhicittavivarana*: *"a forma é como espuma, a sensação é como bolhas, o intelecto é como uma miragem, as formações são como uma cebola, a consciência é como uma ilusão"* (Bodhicittavivarana, 12-13).

Todavia, o próprio Nagarjuna lembra a importância de se relativizar o próprio conceito de vacuidade, admoestando os budistas a se acautelarem com o conceito. Um fragmento tibetano do *Boddhicittavivarana* aponta o problema: *"uma 'coisa' é simplesmente uma fabricação mental; vacuidade é a ausência de fabricações mentais. Onde fabricações mentais surgem, como pode haver vacuidade?"* (Bodhicittavivarana. Fragmento, *in* LINDTER, 1987, p. 172-173). A própria vacuidade é, ela mesma, vazia e interdependente, um mero conceito mental que serve a uma finalidade pedagógica específica. *"Pobre daquele que se apega à vacuidade!"* é um refrão constante de Nagarjuna. Uma vez corretamente utilizada, a própria vacuidade deve ser também superada e descartada, como um hemético que é expelido do corpo junto com o seu resultado. A noção de vazio se revela particularmente importante, portanto, como apoio meditativo que aponta para a insubstancialidade de todos os seres e como "núcleo" conceitual do Budismo Mahayana.

Esquematicamente, podemos afirmar que, no tronco da tradição Mahayana, surgiram dois ramos, duas escolas que procuraram aprofundar, sistematizar e interpretar aquele enorme acervo filosófico gerado pelo conjunto de textos do Abhidharma e da Perfeição da Sabedoria. São elas: a tradição *Madhyamaka*, liderada por Nagarjuna, e a tradição *Yogachara* ou *Vijñanavadin*, capitaneada pelos irmãos Asanga e Vasubandhu.

Sabemos muito pouco acerca da vida de Nagarjuna. A maior parte das informações que possuímos ao seu respeito parecem apontar para a região de Andhra, no centro-sul da Índia, onde, segundo consta, teria sido amigo e protegido de um rei local. Resta ainda hoje naquela região um lago chamado Nagarjunakonda com importantes sítios arqueológicos ao seu redor, tradicionalmente associado à sua vida, já que a restauração de monumentos budistas parece também estar associada à sua biografia. Suas datas, consensualmente, rondam o século II da era comum, sendo o acme de sua produção literária provavelmente 150 e.c.

O número das obras de Nagarjuna é controverso. Parecem ter existido alguns outros autores homônimos, o que causa alguma confusão na certeza da autoria de sua produção literária, porém, um pequeno número de obras é tradicional e universalmente atribuído a ele. A primeira e mais importante de todas, sob a qual reina consenso absoluto, é o *Mulamadhyakakarika*, "as estrofes originais acerca do caminho do meio". O texto pressupõe a familiaridade do leitor com toda a literatura budista anterior. Existe também algum consenso no que tange ao objetivo primaz da obra: uma exegese do pensamento budista que busca retomar o espírito crítico originário dos *sutras*, apoiando-se nos principais conceitos que remontam à prédica do próprio Sidharta: *pratityasamutpada, anitya, anatman, shunyata*. Através de uma argumentação poderosa, Nagarjuna não *resolve* as questões, antes, as *dissolve*, instrumentalizando um grande elenco de técnicas de retórica que pretendem apontar para a vacuidade de todos os seres e fenômenos. A consciência daquela vacuidade conduziria, idealmente, à experiência inconcebível do despertar.

Além da tradição *Madhyamaka*, uma outra grande tradição hermenêutica *Mahayana* foi a tradição *Yogachara* ou *Vijñanavada*. Asanga, juntamente como seu irmão Vasubandhu, são os dois pilares fundamentais que sustentam o edifício desta tradição, caracterizada como "idealista" pelos estudiosos ocidentais. Ambos os autores parecem ter vivido entre os séculos III e IV da era comum, na região de Gandhara, que atualmente compreende o sul do Afeganistão e o noroeste do Paquistão, Gandhara, já famosa naquela época como centro de saber indiano, também se tornou um importante polo de difusão do pensamento budista. Foi de lá, e da vizinha Caxemira, que a partir do século VII o Budismo se irradiaria para o Tibete, que, ao se encontrar com as tradições *Bön*, locais, daria origem à tradição *Vajrayāna* tibetana, enriquecendo em muito o acervo cultural budista. A tradição *yogachara* ou *vijñanavada* é recorrentemente caracterizada, como dissemos, "idealista". Tal definição é compreensível, porém, no melhor dos casos, incompleta. A escola possui como fonte de sua reflexão um diálogo crítico com muitas das tendências mais psicológicas do Abhidharma. Resumindo perigosamente seu objetivo, podemos dizer que a escola procura criticar algumas crenças da Psicologia do Abhidharma, que afirma que todo e qualquer estado mental, todos eles impermanentes e passageiros, são a única realidade mental. Esse fluxo contínuo de percepções e crenças – quase todas equivocadas acerca da verdadeira natureza da realidade – deformam e falsificam a possibilidade de uma visão correta do real. Além disso, aquelas tradições psicológicas abhidhármicas não reconhecem nenhum tipo de substrato ou de identidade pessoal naquele fluxo contínuo de pensamentos e percepções. Porém, isso levanta um sério problema: se não existe nenhum tipo de substrato pessoal, quem, ou o quê, exatamente, acumula karma e reencarna? Houve muitas respostas para este problema ao longo da tradição budista, contudo, a perspectiva *vijñanavadin*, colhida na obra de Vasubandhu e Asanga, defende a tese da existência de uma dimensão chamada de "Substrato ou depósito" da consciência (*alayavijñana*):

> É na seção básica do *Yogacarabhumi*... que o termo *alaya vijñana* parece ter sido usado pela primeira vez... [lá o termo] *alaya vijñana* é descrito como um tipo de consciência basal que persiste de forma ininterrupta dentro das faculdades de sentidos materiais durante o período de absorção da cessação [cognitiva] (*nirodha samapatti*). Dentro desta forma de consciência encontram-se, em formas de sementes, as condições causais para as formas manifestas de consciência cognitiva que reaparecerão ao emergirem daquele estado de absorção da cessação. Em sua inovação terminológica mais importante, esses modos de consciência cognitiva manifestas serão agora chamadas de "surgimento ou manifestação [de formas] de consciência cognitiva" (*pravritti vijñana*), na medida em que elas, de forma intermitente, surgem ou se tornam manifestas em conjunção com os seus objetos correspondentes, em contraste

com o fluxo de consciência ininterrupto,
agora chamado de *alaya vijñana*
(WALDRON, 2004, p. 92).

Esse depósito ou substrato seria uma dimensão que perpassa toda a atividade mental humana, criando uma espécie de "sementeira" mental, em que os pensamentos e ideias presentes frutificariam e floresceriam no futuro em novos estados mentais. Esse depósito é puramente subjetivo, contudo, ele se manifesta criando a ilusão de uma realidade externa e também interna, tornando possível a existência de um "pseudo-sujeito", o qual, ao despertar, percebe a sua própria constituição ilusória, desengatilhando o karma acumulado – percebido, em última análise, como fantasia inexistente e, dessa maneira, desconstruindo também a noção de sujeito. Posteriormente, com o diálogo constante e a proximidade das duas escolas, as teses das duas formas se aproximaram de tal maneira que surgiram escolas híbridas e sincréticas entre as duas, que, é importante dizer, prosperaram individualmente e através de seu sincretismo, com importantes desdobramentos filosóficos na Índia, no Tibete, na China e no Japão.

4.3 O Budismo Tântrico

Do ponto de vista histórico, a última fase do Budismo indiano é chamada de Budismo Tântrico. Os *Tantra* – palavra que originalmente significa livro, tratado ou capítulo de um livro (da raiz sânscrita *TAN* – "tecer") religioso ou laico – começam a ser conhecidos e a se espalhar pela Índia nos ambientes budistas a partir do quinto século da era comum. Há uma enorme controvérsia acerca da sua origem: se os tantras seriam de origem indu ou budista. Contudo, é importante contextualizá-lo no ambiente do Hinduísmo para que possamos, posteriormente, compreendê-lo melhor no ambiente budista. Além disso, do ponto de vista ritual e doutrinal, os Tantras indus e budistas partilham de muitos dos mesmos interesses (o despertar por vias heterodoxas), através de um conjunto de instrumentos espirituais (mantras, visualizações, mandalas, iniciações, a centralidade do mestre) rigorosamente idênticos, naturalmente, com variáveis específicas, o que torna particularmente difícil enxergar o seu ponto de irradiação original. Contudo, foi essa cultura tântrica indo-budista comum que formaria, posteriormente, a espinha dorsal do Budismo Tibetano.

Os Tantras são textos que propõem uma visão de mundo que repelia – e repele – em larga escala as "ortodoxias" bramânicas e budistas. Por esta e outras razões, a tradição tântrica não foi bem compreendida, nem no Ocidente, onde ela foi basicamente travestida numa forma de ioga sexual, mas, principalmente, nos ambientes ortodoxos do Hinduísmo e do Budismo, onde, num primeiro momento, essa cultura tântrica foi claramente repelida. É importante buscar compreender os motivos que a tornaram por vezes tão impopular. Comecemos pela introdução do tantrismo no Ocidente.

Esquecemo-nos frequentemente que os primeiros estudiosos ocidentais que se debruçaram sobre os textos das várias tradições especulativas indianas e budistas foram agentes de nações ou companhias ocidentais. O mesmo fato ocorreu com a tradição tântrica. Em sua quase absoluta maioria, aqueles primeiros estudiosos eram funcionários imperiais ingleses da era vitoriana. Alguns eram pastores protestantes ou anglicanos. Esses primeiros estudiosos destacaram – para horror e deleite dos leitores ingleses – alguns dos aspectos ritualísticos mais radicais de algumas dessas tradições tântricas, tais como práticas orgiásticas e necromânticas. Seus informantes, brâmanes ortodoxos em sua absoluta maioria, também faziam questão de apresentar essas tradições sob as luzes mais desfavoráveis e distorcidas pelos motivos que veremos a seguir. Portanto, num primeiro momento, o tantrismo, que até recentemente em meios acadêmicos europeus era considerado uma "abominação", foi usado por aqueles que estavam interessados em demonstrar que as crenças e práticas dos indianos – além de seus deuses monstruosos – deixavam patente o adiantado estado de barbárie no qual se encontravam, sendo a Companhia das Índias, depois o Império Britânico e as várias seitas protestantes as únicas possibilidades de resgatar os indianos das trevas sociais e espirituais em que viviam. A exploração sensacionalista e deturpada de alguns poucos aspectos rituais, simbólicos e culturais (escultura, principalmente) foi, nesse sentido, usada para legitimar a ocupação militar, econômica e cultural inglesa na Índia.

Coube, porém, a um inglês – justiça seja feita – a primazia da introdução dos estudos tântricos no Ocidente. Escrevendo a partir da primeira década do século XX sob o pseudônimo de Arthur Avalon, Sir John Woodroffe, contando com a colaboração de dois excepcionais pânditas bengalis, Pratyagatmananda Sarasvati e Atul Behari Ghosh, conseguiu reverter a onda de críticas de que fora alvo num primeiro momento, quando chegou a colocar em risco sua brilhante carreira no *Indian Civil Service* como juiz da Suprema Corte em Calcutá, e estabelecer o Tantrismo como uma área de estudos academicamente "válida". Desde então, não seria exagero afirmar que, graças aos esforços de vários estudiosos, os estudos tântricos podem ser considerados um dos mais importantes campos dos estudos indológicos e budistas. Fora do ambiente acadêmico ocidental, contudo, o tantrismo, ou melhor, as diluições extático-sexuais que um grande número de "mestres tântricos" indianos e estrangeiros tentam vender aos "consumidores espirituais" ocidentais, conta com grande quantidade de "adeptos". Tão popular se tornou esse *new age* tântrico, que uma consulta sobre a palavra "Tantra" em sítios de livrarias na internet produzirá as mais fantásticas e bizarras obras e títulos, quase todos focalizando seus aspectos sexuais.

Essa nova cultura "tântrica new age" já foi batizada por pesquisadores: "California Tantra".

Um pouco mais complicadas que as óbvias articulações ideológicas e comerciais anteriores são as razões que tornaram o tantrismo tão impopular na própria Índia, principalmente em ambientes ortodoxos indo-budistas. Para compreender tal fenômeno, é necessário voltar no tempo vários séculos, bem antes da chegada dos europeus modernos ao subcontinente, e tentar detectar as forças sociais que possam ajudar a compreender o problema.

A partir do século V, temos notícias de que o Tantrismo se tornou um importante elemento espiritual pan-indiano. Ele começou a penetrar lentamente todas as formas de manifestação espiritual na Índia antiga, tanto no Hinduísmo quanto no Budismo e também no Jainismo. Esse movimento foi tão importante e duradouro, que várias dessas tradições tântricas foram exportadas, através do Budismo, principalmente para fora da Índia, junto com aquelas outras escolas de recorte mais tradicionais. Na China, no Japão e no Tibete, com destaque para este último, o Tantrismo plantou raízes férteis. Outro fator muito importante para a sua difusão foi o fato de o Tantrismo ter começado a circular de forma literária mais ou menos coerente em textos que, centrados na figura de um deus ou uma deusa indu – ou Buda ou Bodhisattva nas tradições tântricas budistas –, propunham uma série de práticas rituais que, se por um lado se afastavam de forma decisiva da ortopraxia e ortodoxia bramânicas e budistas, por outro lado eram vazadas em terminologia tomada de empréstimo àquelas tradições, criando uma área comum que, posteriormente, viriam se tornar um dos principais veículos espirituais de ambas as tradições. Mais importante, os tantras começaram a ser escritos em Sânscrito, a língua clássica do Hinduísmo e uma das principais línguas do Budismo indiano. Mas o que esses textos propugnavam em termos de práticas e ritos e crenças que os afastavam de forma tão cabal do *"establishment"* ortodoxo? Assim como o Budismo, as tradições tântricas não reconheciam a infalibilidade dos Vedas, o sistema de castas, a autoridade dos brâmanes e, mais ainda, seus rituais e cultos eram abertos a todos, sem qualquer restrição de sexo, casta ou ocupação. Pelo contrário, a participação de membros de castas subalternas e mesmo daqueles que não faziam parte da estrutura societária indiana devido às suas ocupações era considerada um atrativo a mais daqueles grupos que, amparados em conceitos como "vacuidade" (*shunyatá*), "equivalência" (*samatá*) e "pureza inata de todos os elementos" (*sarvadharmasahaja*), objetivavam utilizar o desfrute dos prazeres sensórios e de elementos considerados "poluídores" para superar as dicotomias mentais dos adeptos. A domesticação de forças naturais que se manifestam em aspectos da fisiologia sutil humana (canais de energia sutil: *pingala, ida, sushumá*);

núcleos de energia: *nada*, *bindu*; centros de energias pscicofísicas, os *chakras*. Todos esses aspectos faziam parte do universo tântrico indo-budista. Tudo isso era, naturalmente, anátema para a ortodoxia védico-bramânica e para as escolas budistas mais tradicionais.

Com efeito, se por um lado as questões sociopolíticas foram fundamentais para a alienação do Tantrismo, não menos importante se revelava a dificuldade de aceitar algumas de suas práticas. Apesar de interiorizadas e transformadas em símbolos em algumas das tradições tântricas indus e budistas mais "intelectualizadas", numa sociedade como a indiana, na qual a pureza ritual e centenas de observações contra a poluição do corpo, da mente e do espírito eram pilares, alguns ritos tântricos horrorizavam tanto a ortodoxia hindu quanto budista, especialmente os de natureza sexual grupal, nos quais a extinção de toda forma de tabu era a norma, aliadas a algumas práticas meditativas e gustativas, em que substâncias corpóreas, carne e álcool eram livremente consumidos. Causavam também ojeriza algumas práticas realizadas em campos crematórios, nas quais o adepto deveria se engajar em atividades como meditar sobre cadáveres e, por vezes, consumir os restos dos corpos em decomposição. Duas regiões da Índia se destacaram por essas culturas tântricas hindus e budistas: a Caxemira, na região Noroeste do subcontinente indiano, e a região da antiga "Grande Bengala" (Bihar, Bengala e regiões himalaicas), no Nordeste da Índia.

A centralidade do uso de mantras – fórmulas linguísticas/sonoras com significado explícito (*"om mani padme hum"*, *"namu amituo fo"*) ou não (*"phat! phat! Hrim"*) – se tornou tão central nas práticas tântricas que, por vezes, essas tradições são chamadas de *"mantrayana"*, o "veículo ou o caminho através dos mantras". Os mantras, compreendidos pelas tradições iniciáticas tanto hindu quanto budistas como chaves sonoras, teriam a força de, além de desobstruir os caminhos para o progresso espiritual em sua dimensão purificadora, abrir aos adeptos dimensões internas mentais onde se revelariam a estrutura não só da realidade interna da mente como da realidade como um todo, além de se materializarem num conjunto de dinâmicas espirituais específicas, de práticas espirituais customizadas, a partir da outorga do mantra pelo mestre. É importante sublinhar o fato de que a prática espiritual com o auxílio de mantras está profundamente vinculada àquilo que se refere comumente como *"guruyoga"*, a centralidade do papel do mestre espiritual e do seu culto nessas tradições. A outorga pessoal e secreta do mantra por parte do mestre é incontornável, sendo que a própria tradição não se cansa de alertar para o fato de que mantras utilizados pelos adeptos que não foram transmitidos pelos mestres da tradição são completamente infrutíferos. A convivência continuada junto ao *guru*, o serviço devocional prestado pelo discípulo, o estágio espiritual no qual este se encontra, tudo isso é, idealmente, avaliado criteriosamente pelos mestres, que enfatizam, também, a necessidade de se encontrar um mestre plenamente realizado no sendeiro, para que não ocorram problemas posteriores na prática das disciplinas espirituais recomendadas aos discípulos.

As práticas meditativas centradas em *mandalas* – mapas tanto da mente quanto do cosmos –, o uso de símbolos mágicos, *yantras*, em rituais para subjugação de deidades, de inimigos ou para a superação de dificuldades, aliado ao uso de gestos ou posturas corporais específicas (*mudra*), fazem parte do enorme e sofisticado acervo de instrumentos espirituais tântricos que objetivavam, fundamentalmente, atingir o mesmo gol das outras tradições budistas: o despertar. Todavia, esse despertar já não era mais considerado um estado de profunda paz como o Nirvana ou de despertar da mente, Bodhi. Antes, o ideário daqueles grupos tântricos pode ser melhor apreciado, por exemplo, na grande tradição dos *Siddhas* ou *Mahasiddhas*, "seres realizados", que, fugindo do perfil monástico, ocupavam todos os espectros sociais. Tradicionalmente referidos em conjunto como os "oitenta e quatro siddhas" (apesar de existirem variáveis desse número), esses mestres espirituais indo-budistas eram, por vezes, trabalhadores braçais, pescadores, músicos e lembravam, ao povo comum, que o despertar não se dava exclusivamente em ambientes monásticos ou escolásticos; pelo contrário, um grande número desses *siddhas* teve que renunciar às estruturas monásticas da Sangha tradicional – onde alguns ocupavam lugar de destaque – para, aos pés de mestres que viviam em condições laicas, aprenderem os segredos da realização espiritual. As narrativas das aventuras espirituais de alguns desses *siddhas*, como Tilopa, Luipa, Kanha, Naropa e muitos outros, formam um fascinante mosaico de espiritualidades subalternas que foram, paulatinamente, angariando apoio e suporte de leigos e mesmo de patronos reais, como a Dinastia Pala (sécs. VIII-XIII), centrada em Bengala, e a Dinastia Karkota (séc. VII-X), centrada na Caxemira, apesar desta última privilegiar de forma mais acentuada as tradições tântricas hindus shivaítas, que gravitam ao redor do Deus Shiva, e shaktas, que orbitam a esfera devocional do aspecto feminino da deidade, Shakti ou Devi. A grande vitalidade das narrativas e das práticas daqueles mestres foi integralmente preservada pelo Budismo Tibetano, que reconhece neles uma das principais fontes de inspiração para as suas próprias percepções do Budismo como caminho espiritual.

A maioria dos historiadores enxerga na expansão islâmica pela Ásia Central e na penetração do Islamismo na Índia, a partir do século XI, o momento do colapso final da tradição budista em solo indiano. O Budismo, que então já se encontrava profundamente estabelecido em seu solo natal e na Ásia Central, sofreu de forma particularmente aguda neste momento porque ele subsistia dentro de uma enorme, porém delicada, rede local, nacional e transnacional de complexos monásticos, universidades e templos. Com o impacto do Islã, a ruptura das instituições político-admnistrativas centrais dos fragmentados estados indianos e o consequente colapso das rotas econômicas do Norte da Índia e da Ásia Central – todas elas interligadas –, o Budismo embarca numa espiral descendente. Além disso, um outro fator apontado para o seu declínio teria sido o sincretismo tântrico indo-budista, que teria roubado da tradição alguns dos seus elementos mais específicos, tornando-a indistinguível do Hinduísmo popular. Finalmente, para resisitir à carga das cimitarras muçulmanas, o fragmentado mosaico político indiano do Norte da Índia teria recorrido ao Hinduísmo como forma de resistência cultural e espiritual frente ao avanço do Islã, criando o cenário para a virtual extirpação da tradição do seu solo de origem.

4.4 A Expansão do Budismo para fora da Índia

a) O Budismo no Sul e Sudeste Asiático

Num primeiro momento, a expansão do Budismo dentro do subcontinente indiano está profundamente vinculada às atividades missionárias das primeiras gerações de monges e monjas que, seguindo uma recomendação expressa do Buda, se dirigiam aos quatro cantos da Índia pregando a "boa-nova" budista. Mesmo durante a vida do Buda, o mestre recomendava que, após o domínio de alguns textos-base (o *vinaya*, o código de conduta, obrigatoriamente, e um pequeno conjunto de *sutras*) e das primeiras experiências espirituais mais profundas, os monges e monjas se deslocassem continuamente, levando a grandes distâncias os ensinamentos do Shakyamuni.

Com a sedimentação da Sangha, tanto a monástica quanto a laica, o Budismo começou a atrair o patrocínio de lideranças políticas e econômicas vizinhas à sua área de origem (a região Nordeste da Índia); depois, de reinos locais, mais tarde, de impérios nacionais e, finalmente, transnacionais. Seguindo as antigas rotas de comércio do Norte para o Sul do subcontinente indiano, o Budismo, lenta, porém consistentemente, se espalhou do seu polo de irradiação original em direção ao Sul. Foi durante a dinastia Maurya (322-185 a.e.c.), especificamente com o advento do imperador Ashoka (cerca 280 a.e.c.), neto de Chandragupta, o fundador da dinastia, que o Budismo se viu apoiado por uma estrutura estatal de envergadura nacional que permitiu à Sangha desfrutar do importantíssimo patronato imperial. Alguns autores defendem a tese de que a suposta conversão de Ashoka ao Budismo, depois da sanguinária batalha de Kalinga (260 a.e.c.) e da imediata anexação de um vasto território que controlava as rotas de caravanas em direção ao Sul da Índia, se deveu muito mais a um cálculo político do que a qualquer tipo de fervor religioso. Para o Budismo, tradicionalmente amparado pelas classes mercantis – já que a elite ideológica bramânica exercia o monopólio espiritual no âmbito do Hinduísmo –, a conversão de Ashoka abria espaço também para a construção de uma importante aliança ideológica, política e econômica na direção daqueles grupos que não seguiam a ortodoxia bramânica mas que respondiam por importantes núcleos políticos e econômicos periféricos ao império Maurya. Seja qual for a orientação primária de sua conversão – espiritual ou política – o Imperador, como já vimos mais acima, proclamou por seu vasto império o caminho budista, celebrando-o em incontáveis pilares que foram espalhados em todas as áreas sob o seu domínio.

Existem evidências históricas que confirmam o patronato imperial missionário Maurya em direção ao Sul da Índia, principalmente na ilha do Ceilão, atual Sri Lanka, durante o reinado local de um certo rei Tissa. Há, inclusive, uma narrativa tradicional que aponta Mahendra ou Mahinda, filho de Ashoka e monge budista, como um dos principais enviados nesse esforço missionário. Levando para o Sri Lanka uma muda da árvore sob a qual o Buda havia se iluminado em Bodh Gaya, os esforços missionários lá frutificaram e o Budismo de expressão Theravada se enraizou profundamente no Sri Lanka e, de lá, se espalhou por todo o Sudeste Asiático (Burma [Myanmar], Tailândia, Cambodia e Vietnã) e também na direção dos arquipélagos mais austrais (Indonésia, Sumatra).

b) O Budismo na Ásia Central e na China

Assim como em relação ao Sul da Índia, o imperador Ashoka também é apontado como a figura responsável pela disseminação da tradição para além do Himalaia em direção à Ásia Central. Existem inscrições em Grego e Aramaico na região de Gandahar (atual Afeganistão) que confirmam a expansão do Budismo para aquelas áreas, sempre seguindo a lendária Rota da Seda, já que a região centro-asiática era – e é – composta por longos desertos e altíssimas cadeias de montanhas. Foi lá, naquela região, e também na Báctria (atual Paquistão) que se deu o primeiro grande contato do Budismo com o Zoroastrismo, a religião oficial do vasto Império Aquemênida Persa (séc. VI-IV a.e.c.), que se estendia da Grécia ao noroeste da Índia, e, posteriormente, com os reinos gregos pós-alexandrinos, encontros esses que teriam repercussões profundas em várias áreas: espirituais, políticas e culturais, tanto para o Budismo quanto para as espiritualidades nativas. Foi nessa região que viria a surgir posteriormente uma das principais escolas de escultura budista, como veremos no capítulo sete.

A penetração do Budismo na China é uma história particularmente rica e singular, que não pode, de forma alguma, ser resumida a contento em poucas linhas. Lá, a história do Budismo percorre mais de dois mil anos, alcança dimensões culturais e espirituais tão complexas, tão ricas e tão profundas que, assim como no Japão e no Tibete, merecem volumes específicos. Limitemo-nos aqui a indicar o ponto inicial desses processos que são extremamente complexos e particulares. Resumindo muitíssimo: a China transforma profundamente o Budismo, enriquecendo-o sobremodo, e o Budismo transforma profundamente as estruturas espirituais e civilizacionais da China. Esse encontro espiritual e civilizacional foi, sem dúvida alguma, um dos encontros culturais mais férteis da longa caminhada humana.

O Budismo penetra na China no começo da era comum, durante a chamada dinastia Han Oriental (25-220 e.c.). Os primeiros missionários alcançam o Império do Meio através das rotas de caravanas que compunham a Rota da Seda, que saía do Leste da China, atravessava a Ásia Central e desembocava no Mar Mediterrâneo. Por essa época, como vimos, o Budismo já se encontrava estabelecido na Ásia Central. Foi por causa de um sonho, de acordo com a tradição, do Imperador Ming (58-75 e.c.) com uma divindade dourada, depois interpretada como sendo o Buda, que o imperador despachou uma comitiva em direção ao Ocidente, a qual, supostamente, teria encontrado dois missionários budistas carregando alguns textos em cima de um cavalo branco, que teria dado origem, inclusive, de acordo com a história, à fundação do primeiro templo budista chinês, o Templo do Cavalo Branco.

A grande maioria daqueles primeiros missionários budistas pertencia a várias denominações Mahayana e, culturalmente, era de indivíduos oriundos da Ásia Central, que desde sempre possuía vínculos econômicos e culturais com a China. Porém, ao contrário de inúmeras regiões onde o Budismo penetrou, lá, na China, já existiam antigas tradições espirituais e filosóficas nativas muito bem estabelecidas e enraizadas, como o Daoísmo, além do Confucionismo, que pode ser melhor caracterizado mais apropriadamente como uma "Pedagogia do cuidado" e como um projeto civilizacional do que como uma religião propriamente dita, já que o Confucionismo desconhece qualquer tipo de projeto que possamos chamar de especificamente "religioso", como geralmente compreendemos o termo no Ocidente. Esse tríplice encontro, que num primeiro momento gerou estranhamentos e conflitos (o monasticismo era particularmente problemático para o Confucionismo), ao longo de muitos séculos foi adquirindo feições tão particulares e únicas que veio a se tornar um enorme núcleo sincrético inextrincável. Apesar dessas idas e vindas – por vezes através de perseguições e *pogroms* antibudistas –, o Budismo, por volta do século V, num momento de profunda fragmentação política no Império do Meio, se encontra relativamente bem implantado na China.

A natureza plástica e maleável da tradição foi decisiva para que o Budismo se implantasse definitivamente, a partir da dinastia Sui (589-618), no panorama cultural e espiritual chinês, sendo que durante a dinastia Tang (618-907), com o patrocínio imperial, a tradição alcançou enorme fertilidade intelectual e riqueza espiritual, gestando tradições que teriam enorme vitalidade, como por exemplo as tradições Tientai, Huanyang e Chan – mais conhecida pelo seu nome japonês, Zen –, e que emprestariam ao Budismo chinês muito do seu caráter específico. Sobrevivendo a um ataque quase fatal, orquestrado pelo Imperador Wuzong, que reinou brevemente durante os anos 841-845 e que, pressionado por grupos daoístas e pelo influente mandarinato confucionista, realizou uma das maiores perseguições que se tem notícia na história do Budismo. Apesar de ter sobrevivido e de ter se consolidado institucionalmente, alguns observadores enxergam naquele momento o início do lento declínio da tradição na China.

c) O Budismo no Japão

A compreensão do translado do Budismo para o Japão, através da China e da Coreia, é geralmente centrada na figura dos fundadores das grandes tradições denominacionais japonesas: durante o período Nara (710-784), quando se estabelecem as chamadas seis escolas; no período Heian (794-1185), com o translado das tradições Tendai e Shingon; e, finalmente, no período Kamakura (1185-1333), com o estabelecimento do Zen, da Terra-Pura e Nichiren. Todavia, temos notícias de que, desde meados do século VI – a data 552 é usada como marco tradicional –, o Budismo, junto com estruturas político-admnistrativas imperiais chinesas confucianas, desembarca no arquipélago japonês. É interessante notar que, no Japão, assim como no Tibete, o influxo do Budismo se deu de forma concomitante com a unificação política e a criação de estruturas administrativas nacionais centralizadas, que viriam, posteriormente, a inspirar a organização de vastas redes monásticas que, num certo sentido, replicavam aquelas estruturas políticas recém-desenvolvidas naquelas sociedades, que utilizaram o Budismo não só como fonte de inspiração espiritual, mas também como projeto civilizacional (estruturas políticas, artes, línguas nacionais, alfabetos etc.).

Durante o século VIII, começam a surgir tensões entre o poder político centralizado e aquela rede de mosteiros denominacionais que se tornavam cada vez mais fortes tanto do ponto de vista econômico quanto político, fazendo com que a administração política central japonesa começasse a tomar medidas de intervenção naquele universo monástico. Do ponto de vista religioso-cultural, ocorre no Japão aquilo que aconteceria em todas as sociedades nas quais o Budismo penetrava:

a aproximação com as tradições espirituais locais (no caso, a tradição Shinto) para, posteriormente, tentar marcar a sua identidade, porém, agora, já indelevelmente marcada pelo abraço com as tradições locais.

d) O Budismo no Tibete

O Tibete se tornou uma das últimas áreas da Ásia que adotou o Budismo como crença. Lá, também aconteceu o mesmo processo ocorrido no Japão, a importação de uma série de estruturas civilizacionais que gravitavam ao redor do Budismo enquanto tradição espiritual. O Budismo Tibetano alcança particularidades tão acentuadas que ele recebeu um novo nome, marcando-o como um "veículo" específico: Vajrayana, o "Veículo de Diamante". Através da sua história, o Budismo Tibetano foi herdeiro direto do Tantrismo indo-budista, de uma complexa e sofisticada tradição escolástica e acadêmica centrada em grandes complexos monásticos, de uma ênfase profunda na meditação, além da amálgama com as antigas tradições espirituais Bön e, mais decisivo do ponto de vista cultural e societário, posteriormente, da não separação entre as esferas políticas seculares e a religião, dando origem a um sistema político-espiritual que viria a ser conhecido como "Lamaísmo".

A introdução do Budismo na Terra das Neves é datada do reino do seu primeiro Imperador, Srong btsan sgam po (Songtsen gampo), entre 649-650. Todavia, é ponto pacífico que as populações locais já haviam sido expostas a várias formas de Budismo anteriormente, através de missionários e comerciantes. Uma tradição que talvez reflita isso seja a história que é contada acerca da queda do céu de um relicário budista no colo de um rei anterior à unificação de Songtsen gampo. Sabemos que existiu um contato oficial da corte de Songtsen gampo com a dinastia Sui na China. Além disso, atribui-se a um dos ministros de Songtsen gampo, Thonmi sambhota, a criação do alfabeto tibetano a partir da modificação de alguns alfabetos da Caxemira e também a criação da primeira gramática da língua tibetana.

Um marco importante na história do Budismo tibetano é a inauguração do complexo monástido de Samie, em cerca de 780, que tornou possível o influxo de monges indianos, chineses e também daqueles oriundos da Ásia Central. Dois dos mais importantes desses primeiros missionários foram Shantarakshita, um grande monge e acadêmico indiano, e seu discípulo Kamalashila, que foram os responsáveis pela conversão de um grupo de seis ou sete aristocratas tibetanos, o que levou à sedimentação dos laços entre o Tibete e o Budismo Indiano, que, a propósito, foi o responsável pela conservação de uma boa parte dos escritos budistas indianos, os quais, caso contrário, teriam desaparecido completamente. Esse esforço de preservação só foi possível graças a um extraordinário esforço de tradução das escrituras, de suas línguas originais indianas para o idioma tibetano, particularmente durante o período dos Imperadores Trisong détsen (por volta de 742-797) e Ral pa can, que reinou entre 815 e 838. O enorme acervo acumulado de escrituras Mahayana e Tântricas transformou os cânones tibetanos (Tanjur e Kanjur) num inestimável acervo de escrituras que, como dissemos acima, teriam desaparecido completamente sem a ampla, sofisticada e extremamente minuciosa tradução daqueles textos. Tão exatas eram as traduções que, hoje, podemos retraduzir os textos do Tibetano para as línguas originais dos textos com muito pouco erro. A descoberta de fragmentos de alguns daqueles textos nas línguas indianas confirma a precisão daquelas traduções.

Contudo, o Budismo indiano não foi a única fonte que alimentou o Budismo tibetano na sua infância. A escola Chan chinesa (Zen, em japonês), também marcou presença naquelas primeiras décadas. Porém, uma série de debates realizados entre 792 e 794 em Samie entre monges Chan e monges indianos fizeram com que o poder central tibetano optasse, doravante, pelas tradições budistas indianas. Além disso, aquelas tradições espirituais locais, que receberam o nome coletivo de Bön, também tiveram um papel extraordinariamente importante na cristalização do Budismo no Tibete. A confluência entre aquelas duas fontes, o Budismo Tântrico Indiano e as práticas Bön, seria, posteriormente, batizada de "estilo antigo" (Nyingma), a tradição budista tibetana mais antiga dentre as mais difundidas: Kagyu, Gelug e Sakya.

Quinta Lição

A Sangha

Foi tendo em vista o objetivo de auxiliar os seres humanos a escapar dessa ronda contínua e transmigrações, o Samsara, que o Buda promulgou seus ensinamentos e um código de conduta (*vinaya*) e práticas (*sila*) para um grupo de homens e mulheres (*bhikshu/bhikshuni*, literalmente "mendigos/as") que formariam o núcleo originário da comunidade budista (a Sangha), a ordem que ainda hoje traça a sua ancestralidade a este grupo primitivo de seguidores do Buda.

Como vimos anteriormente, a comunidade budista primitiva não era muito diferente de outras comunidades assemelhadas indianas antigas que optaram por uma vida itinerante ao redor de seus respectivos mestres. O *Samaññaphalasutta*, um dos sutras mais antigos da tradição, nos abre uma fascinante janela sobre o ambiente daqueles grupos de renunciantes na Índia arcaica. No ambiente budista, aqueles homens e mulheres que haviam abandonado suas vidas laicas e se dedicado exclusivamente à busca do despertar seguiam o Buda ou os mestres budistas primitivos em suas viagens que só eram interrompidas durante as monções, a época das chuvas, quando o deslocamento se tornava problemático. Durante esses períodos de chuva, era costume que os grupos de monges mais próximos permanecessem estacionados em parques e prédios doados pelos leigos (*upsaka*) ou isolados nas montanhas e matas se dedicando à meditação e reflexão. Foi a partir desses locais e ao redor de alguns mestres, segundo alguns autores, que se desenvolveram os primeiros traços de diferenciação que mais tardiamente se aglutinaram às dinâmicas históricas de sectarização do budismo primitivo, como acabamos de ver. Por vezes, a partir desses polos de difusão, quando aconselhados pelo próprio Buda ou pelos monges mais adiantados na senda, os mais jovens eram encorajados a se dirigirem aos quatro cantos pregando a alternativa budista da libertação. Essa empreitada missionária espraiou o Budismo para além de sua órbita original, atravessando fronteiras naturais e culturais, se mesclando, se enriquecendo e se transformando nesse processo que veiculou o Budismo para muito além do subcontinente indiano, alcançando a Ásia Central, o sul e o sudeste asiáticos, a China, o Japão, a Coreia, as ilhas da Oceania e, posteriormente, todo o planeta.

Essa comunidade era formada por homens e mulheres provenientes de todas as classes sociais: brâmanes, xátrias, vaixás, incluindo aqueles homens e mulheres relegados às posições mais subalternas da sociedade indiana (sudras, chandalas, dalits), não havendo impedimento societário formal para a agregação ao grupo, a não ser a capacidade dos iniciantes em manter a disciplina e a dedicação na busca da libertação. Contudo, com o passar do tempo, a Sangha começou a proibir a entrada nos seus quadros de menores de idade, daqueles que fugiam das autoridades e daqueles que tinham problemas com a justiça. Aqueles aceitos deveriam, entretanto, possuir algumas características pessoais para poderem entrar ou continuar a pertencer à comunidade. A Sangha sempre se guiava pelas regras (*vinaya*) estabelecidas pelo próprio Buda, que foram criadas de acordo com a necessidade, sendo que, pouco antes de falecer, o Buda incitou seus seguidores a abandonarem àquelas normas que eles considerassem desnecessárias. Uma parte do conjunto de regras que já vimos, o *pratimokṣa* ("aquilo que é contrário à libertação"), i.e., ações proibidas, dividia-se num conjunto de regras diferenciadas para monges e monjas. A criação de uma comunidade de monjas, que viviam em mosteiros separados e que possuíam líderes também mulheres – apesar dos protestos e brincadeiras do Buda, que dizia que monges e monjas morando juntos na floresta não iria acabar bem – foi feita a pedidos de uma tia sua, Mahaprajapati. A criação de uma ordem renunciante exclusivamente feminina assinala também um diferencial desta comunidade budista primitiva itinerante e não sectária, pelo menos sobre gêneros.

As regras de conduta monástica (178 para monges e 243 para monjas, de acordo com o código mais antigo preservado) versavam basicamente sobre mecanismos de convivência comunal, discorrendo sobre aspectos morais e, posteriormente, legais, sobre a propriedade privada dos monges e as propriedades da Ordem, acerca das vestimentas, da conduta nos mosteiros (*vihara*) e fora deles, normas para o banho, para as relações entre os membros internos e a comunidade laica, também previa punições, quase todas elas brandas, sendo somente as condutas consideradas ofensas muito graves passíveis da pena mais severa, a expulsão da comunidade, sendo as menos graves passíveis de expiação mediante confissão pública, admoestações formais, banimento temporário ou isolamento temporário do ofensor ainda nos quadros da comunidade. As regras eram quinzenalmente recitadas em conjunto, desde os tempos do próprio Buda. Foi também ao final da vida do Buda que a comunidade testemunhou as suas primeiras tensões e fissuras. Numa delas, a mais grave durante a vida de Gautama, foi aquela liderada, segundo todas as tradições que registraram o ocorrido, por Devadatta, um parente do próprio Buda que afrontava a Sangha dizendo que a Ordem havia se tornado muito "institucional", "burocrática" e amante de luxos, uma acusação que lembra a acusação que os antigos ex-companheiros de ascese do Buda também lhe lançaram. A crise foi tão grave que, segundo as fontes, alguns monges preferiram se separar da comunidade e seguir a liderança de Devadatta, sendo que o grupo cismático, aparentemente, teria retornado à ordem depois da morte daquele. Porém, em última análise, foi obedecendo aos últimos ensinamentos do Mestre, que exortava seus seguidores "a se tornarem lâmpadas, refúgios para eles mesmos num esforço constante em busca da iluminação", sem nenhum tipo de autoridade central, nem sucessor apontado pelo Buda, que o Budismo foi crescendo e se transformando ao sabor de linhas de transmissão discipular distintas, ocasionando a irradiação do movimento. Procuraremos enxergar, nas próximas páginas, como se deu o processo de entrada naquela Sangha.

5.1 Conversão

A noção de pertença exclusiva a uma tradição espiritual é problemática no panorama espiritual budista. Isso se deve ao fato de que, ao contrário das tradições ocidentais, que pressupõem uma pertença exclusiva e a adesão a um conjunto fechado de crenças e práticas, no olhar oriental, o fato de se pertencer institucional ou culturalmente a uma certa tradição não implica a demonização de outras. Como assinalamos anteriormente, o fato de ser um budista praticante não impede que se pratiquem ritos pertencentes a outras formas de espiritualidades e se reverenciem deuses, espíritos tutelares ou outros seres que compõem o panorama cósmico de outras religiões. Por exemplo, nada impede que um budista chinês advogue uma visão de mundo confucionista ou realize rituais daoístas. No Japão, a maioria dos habitantes flutua naturalmente entre ambientes shintoístas e budistas, sem qualquer tipo de desconforto ou pressão social externa ou interna das próprias tradições. Por isso, a ideia de "conversão", pelo menos no seu matiz Ocidental, que implica uma transformação profunda em termos de crenças e práticas, não se aplica de modo particularmente feliz às tradições orientais. Um exemplo antigo, oriundo da propria Índia, é o fato de o imperador Ashoka, apesar de nominalmente se declarar budista, apoiar e participar de rituais Hinduístas.

No ambiente budista, algo que pode ser aproximado da ideia de "conversão" é a "tomada de refúgio" (sharanagamana), ou seja, a declaração formal de pertença ao universo espiritual budista, que se cristaliza na formulação: "eu tomo refúgio no Buda, eu tomo refúgio no Dharma, eu tomo refúgio na Sangha". Essa fórmula, além de marcar a adesão voluntária de alguém ao ideário budista, sintetizado nas suas três joias (o Buda, o Dharma, a Sangha), marca a identidade do praticante em termos de afiliação espiritual, que o tornaria um "irmão leigo" (upasaka) ou uma "irmã leiga" (upasika) no âmbito da Sangha. Desse modo, ao aderir ao projeto salvífico preconizado pela tradição, pressupõem-se que o irmão leigo ou a irmã leiga se comprometa, ideal e integralmente, a abraçar os cinco votos budistas fundamentais ("não matar, não roubar, não mentir, não se intoxicar, não exercer a sexualidade de forma irresponsável"). Numa outra perspectiva, pode-se afirmar que a adesão voluntária marcaria o estágio de "entrar na corrente ou na correnteza", isto é, assumir para si a responsabilidade de se identificar como alguém que entra na tradição e se compromete a seguir o Nobre Caminho Óctuplo até se atingir o despertar final, seja nessa ou em outra encarnação futura. Segundo a formulação Mahayana da questão, tal adesão implicaria a experiência de "Bodhicitta", o desabrochar do "pensamento em relação ao despertar", aliado ao compromisso de se seguirem os votos básicos, além, na medida do possível e do desejado, de se trazer para si alguns votos da prática do caminho dos Bodhisattvas (bodhisattva upasampada). Já para a transformação de um leigo ou e uma leiga em monge ou monja, o ritual de "ordenação" (pravrajya ou upasampada) variou muitíssimo, de acordo com características particulares locais: desde uma cerimônia simples e rápida (raspar a cabeça, aderir aos votos e receber o manto) até um conjunto de rituais que podem durar vários dias, com festividades e espetáculos de toda sorte incluídos. Tudo depende do local e da denominação na qual o futuro monge ou monja se estejam inserindo.

Do ponto de vista histórico, assim que o Buda alcança o Despertar e inicia a sua carreira de ministério, a adesão à Sangha era, por vezes, muito mais uma convocação por parte do Buda. A tradição registra o fato de que, com a sua visão sobre-humana, o Buda costumava se aproximar de algumas pessoas predestinadas e simplesmente dizer "ehi", que significa "venha (comigo)" nos dialetos prácritos de sua época. Essa convocação literal, expressa pela personalidade carismática do Buda, marcava o ponto formal de entrada na comunidade para se viver "a vida santa". Os estratos mais antigos do cânone também registram a conversão de vários indivíduos que, fascinados pela pregação do Buda ou dos seus discípulos imediatos, se juntavam à Comunidade. Havia também a conversão de grandes grupos de indivíduos, algo comum quando um outro mestre espiritual, que já possuía discípulos, também aderia ao Budismo. Não são poucas as histórias de debates em que os ascetas vencidos se convertem à doutrina do vencedor. Esse fato não se dá somente no Budismo antigo, pois fazia parte da própria tradição hindu de conversão em massa quando da vitória em debates filosóficos e espirituais. Uma outra forma de conversão maciça se dava quando um rei aderia à tradição, o que acarretava a conversão automática de todos os seus súditos. Existem relatos de tais conversões espalhadas pelo acervo textual budista e, em alguns casos, como no Sri Lanka no século III a.e.c., ou no Japão e no Tibete do século VII, esses registros fazem parte da própria história dessas regiões. Essa conversão "vertical", oriunda da decisão de alguém detentor de vasto poder político implicava, também, o patrocínio oficial, "estatal" da tradição, gerando fabulosa fonte de renda para a Comunidade e uma extraordinária capilaridade social, na medida em que o apoio oficial por parte da entidade política se ramificava por todo o conjunto da sociedade.

5.2 Iniciação

Ao falarmos de "iniciação" no ambiente budista, estamos falando de coisas distintas em níveis distintos. Numa perspectiva cultural, após o Budismo se consolidar numa região e, depois de algum tempo, permear a cultura local com valores e atitudes budistas, pode-se afirmar que alguém já "nascia budista", isto é, nascia inserido na cultura e nos valores espirituais budistas. Sob esse ponto de vista, os ritos de passagem que marcam a vida de um indivíduo (nascimento, introdução na sociedade, casamento, morte) estavam integralmente vinculados às tradições culturais particulares da própria comunidade. Assim, por onde o Budismo se espraiou, multiplicaram-se e se diferenciaram exponencialmente aqueles rituais. Se imaginarmos uma criança nascendo em ambiente budista no Tibete, no Japão ou no Vietnã, seremos obrigados a perceber um verdadeiro mosaico de rituais de fundo muito mais cultural do que propriamente "budista" em sua universalidade. Mais uma vez, aponta-se um contraste entre as espiritualidades orientais e, por exemplo, o Cristianismo, que, apesar de variações locais, de maneira uniforme executa ritos extremamente parecidos para o batismo, o casamento e as cerimônias de enterramento nas suas várias denominações.

Numa outra dimensão, esta mais "interna", dentro da comunidade espiritual, e diferentemente da noção de "conversão", ou seja, "externa", de alguém que entra na comunidade budista vindo de fora dela, existem vários níveis daquilo que poderíamos chamar de "iniciações". Por exemplo, são comuns as iniciações específicas para se realizar um certo ritual, para a leitura de certo texto ou para certa prática medidativa. Nesse sentido, a expressão "iniciação" carrega muito do seu matiz ocidental "esotérico", vale dizer, essas cerimônias servem para "desobstruir" os caminhos, emprestar as bênçãos da tradição mediatizada pelos mestres, os gurus, ou ainda para a realização de cerimônias complexas e delicadas, ou ainda para marcar o nível de acesso a conhecimentos específicos, sejam eles de natureza ritual ou mesmo da formalização de ritos de passagem para novos estágios dentro das tradições, quer em novos graus hierárquicos (iniciante, monge, mestre), seja no domínio de rituais ou conhecimentos mais profundos, ou ainda para novas posições dentro da própria estrutura monástica (abade, capelão, acadêmico: Mestre ou Doutor no Dharma etc.)

5.3 Confissão

A confissão pública é uma das cerimônias mais antigas do Budismo, tendo sido introduzida pelo Buda, desde o começo do seu magistério, e que continua, com pequenas variações locais, até o dia de hoje. O Budismo indiano possui três tipos desse ritual: (i) a confissão pública dentro da própria comunidade budista. Esta confissão está profundamente vinculada ao rito de abservância do *Uposatha*, uma cerimônia que ocorre na noite de luas cheias e novas, de quinze em quinze dias, quando monjas e monges se reúnem publicamente para recitar o código de conduta, o *Pratimoksha*, e exporem, publicamente, as suas omissões e deslizes. Durante o *Uposatha*, cujo estabelecimento remonta ao próprio Buda, é comum que leigas e leigos abracem, além dos cinco votos básicos, outros tantos votos (de acordo com a vontade pessoal), que permitem à laicidade, pelo menos por um dia, viverem uma vida regrada, que reproduz, em grande medida, alguns dos votos adicionais que todos os monges e todas as monjas abraçam: alimentar-se somente uma vez por dia, não se maquiar, não usar qualquer tipo de ornamento, não participar de espetáculos artísticos, não dormir em leitos ornamentados ou suntuosos, meditar longamente etc.; o mérito da observância do Uposatha foi assim definido pelo Buda: "Para os devas (deuses), um único dia e noite equivalem a mil e seiscentos anos humanos; trinta destes dias perfazem um mês, e doze destes meses totalizam um ano. A duração da vida dos devas é de dezesseis mil desses anos celestiais. É possível, monges, que aqui, neste mundo, caso um homem ou uma mulher observem o Uposatha de forma completa com os seus oito fatores, com a dissolução do corpo, após a morte, eles renasçam na companhia dos devas".

Uma outra manifestação do arrependimento é o (ii) "arrependimento metafísico", em que alguém pede perdão pelos erros passados cometidos em outras vidas, implorando ao Buda ou aos Bodhisattvas o perdão pelos deslizes cármicos e, naturalmente, prometendo que não se repetirão, nesta vida, os mesmos problemas. Além desses, também existe o (iii) arrependimento "medidativo", quando alguém, ao embarcar nos processos de meditação, procura refletir, nos primeiros estágios do processo, acerca dos seus apegos e visões errôneas, e desse modo, "purificando" a prática que se inicia e criando as condições ótimas para levar a sessão de meditação a bom termo. Além dessas três modalidades, a Sangha, com variações locais, por vezes bem particulares, realizam cerimônias de arrependimento e expiação em nome de toda a comunidade ou do grupo social. Tais rituais de "limpeza coletiva" purificam o grupo político a que se pertence (clã, tribo, vila, Estado, Nação) ou a comunidade budista imediata através de várias cerimônias (limpeza dos "quadrantes": Norte, Sul etc.; a purificação dos locais [mosteiros, templos], a neutralização de miasmas ou de ações coletivas problemáticas), algumas delas alcançando, inclusive, a esfera de mortos recentes e dos antepassados.

O resultado daqueles rituais de confissão de ofensas, do ponto de vista da expiação pública interna da Sangha – sem a participação de leigos ou leigas –, ia desde o perdão imediato por parte de cinco monges, pelos erros, em caso de deslizes menores, passando por cerimônias bem mais elaboradas de purificação das máculas, até atingir, nos casos mais graves, a suspensão interna temporária (o ofensor continuava a frequentar a Sangha) ou a suspensão externa temporária (o ofensor deve se afastar da comunidade). Nestes casos, e nos gravíssimos, são necessários vinte monges para deliberar acerca das seguintes ofensas: homicídio, roubo, sexo [para monges e monjas], criar divisões internas incontornáveis na Sangha, duvidar publicamente do Buda, derramar voluntariamente o sangue de companheiras e companheiros de comunidade, atribuir-se poderes sobrenaturais. Nesses casos, chega-se à explusão irremediável da comunidade. Havia também um ritual de expiação pública de monges e monjas após a estação das chuvas, a época das Monções, quando, por um período de confinamento de cerca de três meses, problemas naturais de relacionamento surgiam no seio da comunidade. Neste caso, a expiação das faltas e a recitação do *Pratimoksha* se dava de forma diferente, com rituais de expiação também diferentes.

5.4 Os estágios do caminho

Os vários ramos do Budismo mapearam cuidadosamente os vários estágios possíveis dos buscadores espirituais, desde quando eles "entram na correnteza", isto é, desde que eles assumem formalmente a sua adesão à tradição, até atingirem o Despertar, ou seja, até eles se tornarem "Budas". O domínio dos exercícios espirituais contidos no Nobre Caminho Óctuplo e a superação dos três venenos – o ódio, a cobiça e a ignorância ou ilusão – marcam os estágios dos praticantes na senda da libertação. Especificamente no caso da comunidade monacal, na tradição Theravada, a mais antiga do Budismo indiano do qual possuímos todos os textos de forma completa, o conjunto de buscadoras e de buscadores era dividido em quatro categorias:

(i) *sotapana*: "os que entraram no rio"; segundo a tradição, esse primeiro estágio se refere àqueles que entraram no sendeiro do Dharma; a expressão sublinha a luta contra ou a superação parcial da correnteza forte do Samsara, a "correnteza" que "empurra" a humanidade para "esta margem" da existência. A entrada no rio da tradição implica aquilo que é chamado de abertura do "olho do Dharma", isto é, o início de uma visão de mundo balizada pelo Dharma; um evento decisivo, que transforma o modo de ser, entender e interagir com a realidade e com os seres. Alcançar este estágio, segundo o Buda, assegura que não haverá involução transmigratória para modos de vidas inferiores ao estado humano, sendo assegurada a libertação do Nirvana em, no máximo, sete transmigrações. Numa outra perspectiva, aquele "entrar na corrente" implica o despertar da "Bodhicitta", "o pensamento do/para despertar", ou seja, o foco e a dedicação mental necessários para se percorrer a senda. É o ponto de partida formal do caminho e da tradição.

O amadurecimento no caminho assinala a libertação das três máculas: o ódio, a cobiça e a ilusão. Este estágio é chamado de (ii) *sakadagami*, "aquele que só terá mais uma vida humana", sendo o alcance da libertação assegurado para a próxima transmigração. Este estágio é celebrado na poesia daqueles mais antigos na senda, pois certificaria a eficácia do caminho, reforçando a confiança ou a fé no Buda, no Dharma e na Sangha.

O terceiro estágio é o de (iii) *não retorno* (*anagami*). Este estado caracteriza aqueles que não mais retornarão a este mundo, transmigrando somente para uma dimensão transmigratória superior, num "universo/mundo diferente" que, na realidade, pode ser compreendido como uma dimensão mais evoluída da condição humana ou até mesmo a própria iluminação em outras esferas da realidade, já que, recorde-se, existem infinitos universos cíclicos. "Não retornar", contudo, implica não transmigrar mais na condição humana alienada, uma vez que alguns daqueles seres podem ainda voltar para a condição humana, porém, não mais pertencendo a ela: seres com missões especiais cujo alcance pode ser compreendido pela necessidade de disseminar o Dharma e conduzir exemplarmente a humanidade à meta. Os "Budas", antes de encarnarem pela última vez, se encontram possivelmente nesta condição.

Finalmente, a quarta categoria seria a dos (iv) *arhat* ou *arhant*. Estes alcançarão a libertação nesta vida: dominaram o sendeiro óctuplo e as suas máculas foram extintas. O Buda se refere a ele próprio e aos seus companheiros mais antigos da Sangha como *arhat*, que significa, literalmente, "aquele que matou o inimigo", o "inimigo" sendo o desejo ou a ignorância. Esses *arhat* por vezes eram chamados de *thera/theri* ("antigos/anciões"; "antigas/anciãs"), muito respeitados por toda a comunidade e geralmente os instrutores dos noviços no caminho. O Dhammapada assim os descreve:

> Eles estão no final da jornada – suas buscas pela libertação atingidas;

> Sem sofrimento, com a mente completamente livre, sem ansiedade, sem apegos ou nós (Dhammapada 90).

> Com a perfeita compreensão de que a natureza é vazia
> e sem seres (substanciais), a mente se liberta do desejo,
> E não deixa traço da sua passagem, assim como as aves no céu
> (Dhammapada 92).

Assim, percebemos que aquele que chamamos de "Buda", tecnicamente, para a própria tradição mais antiga, seria um *"arhat"*, cujo significado primordial seria o de alguém que atingiu o Nirvana. Esses seres possuem algumas características singulares: eles não conseguem mais praticar violências, sexo ou qualquer tipo de ação negativa. Este é o estado prometido pelo Buda Siddhartha Gautama a todos aqueles que embarcam na balsa do Dharma e trilham o sendeiro com diligência. Ainda neste conjunto de buscadores, existe a interessante figura dos *"Pratyekabuddhas"*, os "Budas solitários", buscadores que atingem o mesmo estado dos *arhat*/Budas: a completa cessação do sofrimento e da ignorância, mas que, todavia, optam por permanecer solitários, dedicando-se permanentemente à meditação, sem pregar o Dharma e desvinculados de quaisquer grupos. Talvez seja interessante, agora, recordar e aprofundar a compreensão dos votos que todo e qualquer budista deve fazer, para que possamos compreender, posteriormente, a natureza dos votos contidos pelo ideal do Bodhisattva e como as escolas do tronco Mahayana mapeiam os estágios da senda.

Como vimos anteriormente, para um leigo aderir ao Budismo, explicitando a sua aliança com o Buda, o Dharma e a comunidade de buscadores espirituais, a Sangha, tanto naquela época quanto hoje, é exigido o abraçar formal de cinco votos ou regras (*panchasila*) básicas: (i) não matar, vale dizer, não tirar conscientemente a vida de nenhum ser vivo (animal), implementando o ideal budista da *ahimsa*, a não violência. Formalmente, o voto é o seguinte: "eu me abstenho de matar"; (ii) não roubar, implicando jamais tomar para si nada que não tenha sido dado por outrem; formalmente: "eu me abstenho de roubar"; (iii) vida sexual lícita, isto é, exercer a sexualidade sem ofender ou afrontar tanto indivíduos quanto a moralidade social; formalmente :"eu me abstenho de conduta sexual imprópria"; (iv) não mentir, controlar a fala; formalmente: "eu me abstenho de mentir"; e (v) não se embriagar/drogar; formalmente: "eu me abstenho de intoxicantes". Esses são os votos, as regras básicas que todo e qualquer budista assume para si, leigo ou monge. Tradicionalmente, aqueles cinco preceitos negativos possuem uma contraparte afirmativa: (i) desenvolver a compaixão (*karuna*), o amor (*metta*) e a não violência (*ahimsa*). A abstenção das práticas violentas concorre para a prática de uma moral interdependente, já que a noção de interdependência busca alimentar a consciência de que um indivíduo, além de não possuir uma natureza substancial, mas fluida, está indissoluvelmente conectado à complexidade sistêmica do mundo, corroborando a necessidade do cuidado coletivo, além do particular; (ii) a virtude da paciência (*khanti*), da aceitação das determinações causais e das condições que necessariamente condicionam o modo pelo qual o indivíduo se insere naquele ambiente simbiótico e orgânico global, vale dizer, a paciência oriunda da compreensão da real natureza dos seres e dos fenômenos, já que, para se aceitar o outro, se faz necessário compreender as suas determinações, circunstâncias e condições cármicas; (iii) o contentamento com o exercício sábio e moderado do prazer sexual para os leigos, revestido ainda do respeito às/ aos parceiras/os, lembrando ainda a polaridade da interdependência, afetiva inclusive. Para monges e monjas, o celibato é a condição fundamental; (iv) a prática de uma fala não só verídica, mas também doce e sábia, instrumentalizando a fala para a condução dos seres em direção do despertar; e, por fim, (v) a vigilância e a consciência, evitando, pela embriaguez e pelo uso de narcóticos, a perda da memória, o torpor físico – que impede a concentração e a meditação – a violência das palavras ásperas e o respeito pela vida e dignidade do próximo.

O Buda, naturalmente, possuía uma enorme preocupação com a laicidade, isto é, com aqueles e aquelas que não eram monges, dedicando muita atenção à prédica para aqueles. O *Sigalakasutta*, um famoso texto, por exemplo, é todo dedicado à instrução dos leigos. Nesse tipo de ensinamento, fica clara a exortação moral em detrimento da reflexão mais aprofundada, bem como apresentação das técnicas meditativas mais avançadas, naturalmente voltadas às monjas e aos monges: o estágio de desenvolvimento espiritual particular, as circunstâncias e a gradação dos ensinamentos para os diversos tipos de interlocutores com os quais o Buda dialogava determinavam a natureza do discurso a ser proferido, uma vez que, antes de pregar, o Buda rotineiramente conversava previamente com os seus interlocutores buscando saber as suas origens, grau de instrução e a familiaridade deles com as doutrinas de seus contemporâneos. Em suas conversas com "especialistas religiosos", sacerdotes ou renunciantes, o nível da discussão era bem diferente, não obstante a declaração formal do Buda de que o Dharma, quando bem vivenciado, conduziria tanto os leigos ou renunciantes à mesma meta: à libertação, não sendo a formalização da renúncia um pré-requisito absoluto, mas importantíssimo, na medida em que tanto leigos quanto monges estavam submetidos quase que aos mesmos votos fundamentais. A dedicação integral de monjas e monges ao sendeiro, naturalmente, criava circunstâncias mais propícias no caminho da iluminação.

No caso dos monges, e mais ainda das monjas, dependendo da tradição ou denominação seguida, os votos aumentam substancialmente e as regras formalizadas nos textos canônicos ultrapassam duzentas e regulam minuciosamente todos os aspectos da vida dos renunciantes, desde a sua entrada na comunidade até a sua morte. Vários códigos de conduta, como vimos, foram elaborados, descrevendo ofensas, atenuantes e punições àqueles que quebravam os votos monásticos e cuja implementação se fazia por consenso coletivo dos antigos em cada comunidade, respectivamente. A inexistência de uma autoridade central, todavia, ocasionou uma interessante variação dos preceitos cujo recorte cultural corta transversalmente todas as culturas com as quais o Budismo interagiu. Além disso, como em todo processo de expansão religiosa, o Budismo foi obrigado a negociar uma série de regras que foram paulatinamente sendo adaptadas aos novos cenários sociais com os quais ele se deparava: a tolerância com o consumo de alimentos de origem animal, a possibilidade de monges se casarem, o uso de dinheiro e todo um conjunto de diferentes adaptações em circunstâncias geográficas, históricas e culturais diferentes.

Além daqueles cinco imperativos morais que obrigam todo e qualquer budista, os leigos que assim desejarem podem abraçar ainda mais três preceitos que os aproximam muito do despojamento dos renunciantes;

são eles: (vi) abster-se de alimento do meio-dia até a aurora seguinte; (vii) evitar espetáculos artísticos de toda sorte e de todo e qualquer tipo de ornamento e adereço corpóreo; (viii) evitar o luxo no mobiliário. As abstenções objetivam a saúde, o contentamento e a concentração integral ao caminho; segundo o ditado: *ou se medita ou se fala do Dharma*, tudo o mais sendo desnecessário. Naturalmente, esse conjunto de preceitos redunda no desprezo de todo excesso e luxo, empecilho incontornável para a libertação espiritual; a diminuição da vaidade, lembrando a natureza transitória da beleza e dos agregados que compõem a existência humana, que, para ser vivida em sua plenitude, exige o abdicar daqueles cuidados desnecessários.

No caso do *Bodhisattvayana*, o sendeiro dos Bodhisattvas no ambiente do Mahayana, os votos adquiriram interessantes matizes. Os votos de *Samantabhadra*, por exemplo, um dos Bodhisattvas mais famosos, são, além dos já vistos, mais dez: (i) adorar e respeitar todos os Budas; (ii) elogiar sempre os Budas; (iii) praticar assiduamente a doação de oferendas; (iv) arrepender-se e consertar todos os impedimentos kármicos; (v) alegrar-se e vivenciar o mérito e a virtude; (vi) pedir que a doutrina seja pregada; (vii) pedir que os Budas permaneçam no mundo; (viii) sempre seguir os ensinamentos dos Budas; (ix) estar sempre em concórdia com todos os seres conscientes; e (x) transferir todo mérito e toda virtude para todos os seres.

O domínio desses votos caracteriza os estágios de realização segundo a tradição Mahayana, e estes são descritos em vários dos seus textos, sendo particularmente elaborados ao longo do extenso *Dashabhumikasutra*, que pertence a um conjunto ou "ciclo" de textos, chamado coletivamente de *Avatamsakasutra*. Os estágios são dez (*dashabhumika*), e cada um deles representa o domínio de uma "perfeição, uma virtude ou excelência" (*paramita*): (i) *pramudita,* o estágio feliz, que corresponde à perfeição da caridade, aqui compreendida como a alegria oriunda de um "doar-se" aos outros, de um "esquecer-se de si", no sentido da compreensão interdependente que a prática de alguém só se realiza e só adquire sentido quando coemerge, se coaduna e se complementa com a prática de outrem, fundamento ético precípuo e principal baliza ideológica dos Bodhisattvas; é interessante notar que a alegria não está no final, não é um "resultado" do caminho da abnegação, antes, é fundamento da prática, animando todos ao abraçar fraterno dos irmãos e das irmãs do sendeiro que ainda não despertaram para as suas naturezas mais profundas; (ii) *vimala* (imaculado), que significa a perfeição ética, implicando aqui o domínio dos vários elementos da senda óctupla já referida; (iii) *prabhakara/ in* (brilhante), que implica a perfeição dos estado mais adiantados da concentração; (iv) *archishmati* (radiante), que responde pela perfeição da paciência, no voto de tudo suportar em benefício da condução de todas as criaturas conscientes em direção à libertação; (v) *sudurjaya* ("difícil de vencer", invencível), que implica a perfeição da vontade enérgica, para se suportar o peso dos votos assumidos; (vi) *abhimukhi* ("além do confronto"), a sabedoria que alcança a superação da dicotomia entre puro e impuro, implicando a perfeição da sabedoria, fundamental na órbita da secularidade, em que o Boddhisttva deve mergulhar sem, todavia, fazer nenhum tipo de juízo de valores entre a sua suposta "pureza" e a suposta "impureza" dos outros seres sensíveis; (vii) *duramgama* ("longo alcance"), a perfeição na habilidade em conduzir os seres à realização, indo "além-de-si-mesmo", utilizando sabiamente as circunstâncias temporais naquele esforço; (viii) *acala* ("irremovível", "imperturbável"), a calma oriunda da capacidade de materializar sem obstáculos as práticas e os votos, a serenidade sapiencial; (ix) *sadhumati* ("a boa-mente"), a cristalização de uma mente sempre disposta no diapasão da perfeição da sabedoria, decomposta em inteligência e compaixão; e, finalmente, (x) *dharmamegha*, ("a nuvem do *dharma*"), a potencialidade da vivificação dos ensinamentos, como nuvem cheia de chuva para a terra desolada do Samsara. Num importante texto da tradição Mahayana, o *Lankavatarasutra*, os bodhisattvas são descritos e comparados com aqueles ideais mais antigos da comunidade Theravadin:

os *bodhisattvas*, aqueles grande seres
devem compreender que *samsara*
e *nirvana* são um... essa conduta,
junto à demonstração natural de um
profundo amor que habilmente conduz
[os seres] à salvação... eles devem ir
além da dualidade sujeito-objeto...
compreender que não há nada fora da
mente... passando por vários estágios
meditativos... chegarão ao nível da
prática das *paramita* (perfeições)... se
retirando do tumulto, das relações sociais
e fugindo do sono, que eles fujam dos
tratados dos filósofos das tradições dos
shravakas e *pratyekabuddhas*... até atingir
os três aspectos da nobre sabedoria: *não
percepção, o poder dos Budas* e a
autorrealização (Lankavatarasutra,
1923: 39-45).

Sexta Lição

As práticas rituais e meditativas budistas

O Buda, como vimos anteriormente, nasce no contexto civilizacional da Índia antiga. Do ponto de vista da cultura espiritual, o sacrifício era o ritual coletivo e individual mais importante daquela religiosidade. Siddhartha, contudo, rechaçou a centralidade daquelas cerimônias e, fiel à natureza renunciante do seu projeto de libertação espiritual, enfatizava a prática das virtudes, da sabedoria e da meditação como práticas religiosas (*sadhana*) em que, segundo ele, se revelavam os instrumentos ótimos para o alcance do Despertar. Todavia, ao longo dos séculos, a tradição desenvolveu uma série de ritos de passagem e práticas espirituais que marcavam não só a vida dos indivíduos imersos numa certa "cultura budista", como também práticas espirituais que incorporaram àquelas três práticas básicas (virtudes, sabedoria e meditação), um grande número de exercícios espirituais desconhecidos da Sangha primitiva. Dada a extraordinária variedade daquelas novas práticas, formuladas em ambientes culturais e espirituais diversos, vamos nos ater somente àquelas práticas espirituais que, historicamente mais antigas, se tornaram, em certa medida, universais em suas manifestações.

Quando se fala de um ritual de devoção ou adoração, numa perspectiva de antiguidade documentada, salta aos olhos aquilo que ficou conhecido, desde o final do segundo século da nossa era, como a "adoração insuperável" (*anuttarapuja*). Esse ritual possui sete elementos ou membros (*saptangapuja*), que poderiam variar de acordo com a ocasião, o objetivo e o contexto local imediato: (i) o elogio (*vandana*) do Buda, do Dharma ou da Sangha ou a adoração (*pujana*) de relíquias, obras, textos ou, ainda, mais tarde, imagens; (ii) a confissão das faltas (*deshana*); (iii) a celebração auspiciosa e feliz do mérito alheio (*modana*), isto é, das práticas realizadas pelos outros devotos; (iv) o pedido para que alguém pregue o Dharma ou para que um Buda ou monja/monge surja para pregá-lo (*adhyesana*); (v) um pedido para que o Buda, ou seja, um desperto – não necessariamente Gautama – permaneça fisicamente nesse mundo enquanto presença espiritual benfazeja ou através de sua presença imanente no Dharma (*yacana*); (vi) a transferência de mérito (*parinamana*). Esta prática merece atenção especial dada a sua universalidade. É uma característica da tradição a partilha de todo e qualquer mérito contido em toda e qualquer prática que tenha relação com o Dharma (ler um livro, colocar uma flor sob uma estátua do Buda, escrever um texto, fazer uma peregrinação, a prática solitária da meditação) tudo, em última análise, que tenha a ver com qualquer prática meritória que se relacione ao Dharma pode – e deve – ser partilhado, já que, desse modo, atende-se à solidariedade interdependente de todos os seres conscientes, estendendo para os outros – que não podem ou não querem praticar – o mérito contido naquela ação específica, além de purificar o praticante do orgulho infundado pela realização da prática. (vii) O despertar da *bodhicitta* (*bodhicittotpada*), ou seja, a celebração ou do primeiro momento em que se volta para o Dharma como uma barca segura para a travessia do Samsara, ou ainda o se rejubilar com o surgimento espontâneo da vontade de praticar o Dharma num certo momento de nossas vidas. A tomada de refúgio (*sharanagana*), a realização de votos (*pranidana*) e a ação altruísta (*atmatyaga*, literalmente "o sacrifício do 'eu'"), que já apontamos anteriormente, também fazem parte dessa paleta metodológica utilizada pela tradição.

Em contextos sectários mais específicos, como nos ambientes tântricos, os rituais envolvem uma série de procedimentos que objetivam prever, normativizar e dar inteligibilidade orgânica àqueles rituais. Nesse sentido, apesar das variáveis específicas, pode-se organizar a prática a partir da seguinte organização ideal: (a) purificação, ou seja, preparar-se para a realização do ritual através de abstinências ou injunções específicas; (b) construção, a preparação do local do ritual (construção de um altar específico para a cerimônia, desenho de *mandalas, yantras*, disposição de assentos e imagens, limpeza do local etc.); (c) encontro; convidar, saudar e adorar (com incenso, comida, bebida, flores) a imagem do Buda, do Bodhisattva ou da deidade; (d) identificação, a união meditativa ou a identificação ritual com os últimos; (e) dissociação: a recapitulação dos passos precedentes e a despedida daqueles seres, sublinhando a expectativa positiva em relação ao resultado daquele encontro; e, finalmente, (f) desmanche do local e partida do(s) praticante(s). É interessante lembrar que este tipo de ritual está profundamente identificado com as práticas ritualísticas tântricas indus.

Uma outra forma de diagramar os rituais do ponto de vista das esferas da ação podem ser descritas, simplificadoramente, como: rituais que buscam: (1) a proteção (*shantika*), ou dos indivíduos, grupos de praticantes, famílias, tradições (uma escola, seita ou o próprio Dharma enquanto veículo universal benfazejo) ou, ainda, a proteção da própria prática (defendendo-a de influências negativas); (2) benefícios (*paustika*), e aqui podem ser elencados benefícios tanto espirituais como materiais; e (3) domínio (*abhicaraka*), para subjugar, pacificar ou controlar forças ou divindades iradas. Também se pode adicionar (apesar de por vezes estas serem incluídas nas modalidades anteriores) (4) atração (*avashalkarana*); e (5) aquisição (*kusha*). É fundamental recordar que todos esses rituais devem ser aprendidos, dominados e realizados através da supervisão estrita dos mestres das respectivas tradições.

Uma outra prática muito antiga e extremamente popular, que teve desdobramentos espirituais muito importantes, é a chamada "recordação do Buda" (*Buddhanusmirti*). Ela faz parte de um conjunto maior de práticas de recordação que são utilizadas para propósitos litúrgicos e também meditativos. São elas: recordação do Buda, do Dharma, da Sangha, da moralidade, da generosidade, das divindades, da morte e da paz; além destas, exalta-se a recordação (aqui compreendida como atenção focada e ininterrupta) na respiração, no corpo e na mente. É comum a prática dessas recordações com o auxílio de mantras ou através da recitação de textos que coloquem em saliência aquelas recordações. Essa prática de rememoração possui importantes capilaridades rituais e também tradicionais. A recordação do Buda, por exemplo, se tornou uma prática tão destacada que se tornou independente das demais, adquirindo importância singular no desenvolvimento de tradições budistas de cunho mais devocional, como algumas daquelas praticadas na China e no Japão. Algumas características dessa prática apontam para o fato de que, originariamente, essa recordação se dava através de vários epítetos ou carcaterísticas singulares do Buda (Digno, Mestre Insuperável, Guia de homens e deuses, o Abençoado, Perfeitamente Iluminado etc.). Alguns importantes autores da tradição, como Buddhaghosha, que viveu no século V, afirmam que essa prática é capaz de purificar completamente a nossa mente das suas máculas e de preparar o caminho para a prática da meditação avançada, além de servir também como instrumento de defesa contra perigos e medos e para o acúmulo de mérito espiritual – que deve ser partilhado com todos os outros seres conscientes.

No contexto dos desenvolvimentos históricos do tronco Mahayana, esse exercício de recordação incluiu também a figura de Boddhisattvas, inclusive de forma icônica (estátuas, pinturas). Um dos personagens mais destacados nesse ambiente foi o Boddhisattva Amitabha (ou Amitayus, "luz infinita"), que já encontramos anteriormente e cujo polo de irradiação originário parece ter sido a Ásia Central, apesar de ele ter adquirido centralidade histórica, que se perpetua ainda hoje, no Budismo do Extremo Oriente. O exercício da visualização dele, dos seus ensinamentos ou dos textos que o descrevem, amparado na recitação de um mantra específico (*"namo amituo fo"* em chinês, *"namo amida butsu"* em japonês) se tornaram algumas das principais práticas devocionais da China e do Japão, desde a sua elaboração até os nossos dias. A prática da recordação, inclusive de textos específicos, como o Sutra da Flor-de-lótus (*Saddharmapundarikásutra*), alçou o papel da palavra escrita também à esfera da salvação. No contexto Tibetano, por outro lado, essas práticas de visualização geraram o nascimento de uma "Ioga das divindades", um conjunto de práticas de identificação, manipulação e subjugação de divindades pacíficas e iradas, mediatizada pela força do guru e de uma série de cerimônias como aquelas tântricas descritas mais acima.

Outra prática de visualização imagética na contemplação é o uso de *mandalas*. A palavra significa, originariamente, em Sânscrito, "círculo" ou "disco". A sua utilização prática é antiga e remonta também so Hinduísmo e ao Jainismo. Existe todo um conjunto de interpretações simbólicas acerca delas, que podem ser compreendidas tanto como mapas cósmicos, num nível macrocósmico (as moradas e dimensões da realidade), quanto, quando interiorizadas, num nível microscópico, podem ser entendidas como mapas da mente e dos elementos constitutivos da realidade interna. Além disso elas, por vezes, representam uma geometria elemental do sagrado (a descrição das diversas dimensões da realidade a partir dos seus elementos constitutivos); elas também apontam para a organização de espaços cósmicos onde ocorre a manifestação de Budas (os chamado "campos Búdicos"), Bodhisattvas (ou "famílias búdicas"), ou ainda grupos correlatos de deidades, ou mesmo de praticantes adiantados ou ainda a genealogia imagética dos mestres da referida tradição, como nos casos das tradições tântricas centradas nos *siddhas*, os "adeptos" ou "mestres realizados". Existe uma sofisticada rede de interpretações multidimensionais desses ícones, que podem servir, na esfera da prática, tanto para esforços de concentração (ou de "recordação") quanto para todo um conjunto de rituais de visualização cujos objetivos se aproximam daqueles elencados mais acima no âmbito das cerimônias tântricas.

Os Mantras, geralmente traduzidos como "incantações", "fórmulas mágicas" ou "palavras de poder", também possuem uso extensivo e intensivo na tradição, perpassando todas as escolas, vertentes e grupos budistas. Eles fazem parte do acervo védico hindu mais arcaico (naquele contexto a expressão significava, originariamente, o/um "verso" de um hino) e, desde as mais antigas camadas, tanto do Hinduísmo como do Budismo, são utilizados para a recitação privada (*japa*) com o auxílio de um rosário (*japamala*, origem última dos "terços" ocidentais), bem como na intonação coletiva, contando com as mais variadas técnicas de intonação e recitação, e com os mais variados propósitos. No sentido de uma formulação essencial acerca do Dharma, a expressão é cognata de *dharani*, uma formulação litúrgica que pode, inclusive, quando escrita, ser usada como exercício de visualização, recordação, meditação, proteção etc. Em chinês, a expressão "mantra" foi traduzida por *"zhenvan"*, "palavra verdadeira". Além de auxílio meditativo, os mantras são considerados chaves sonoras que, quando bem entoados, de acordo com a transmissão dos mestres, abririam regiões da mente e do espaço-tempo vedadas à maioria das pessoas. O uso ritual e medidativo dos mantras se tornou tão extenso no Budismo Tântrico – tanto indu quanto budista –, que esta tradição do Budismo, especialmente no Tibete e anteriormente no seu solo de origem, a Índia, é conhecida, como dissemos anteriormente, como *Mantrayana* ("o veículo, o caminho dos mantras"), tornando-se um sinônimo virtual de *Vajrayana*. No contexto Tibetano, o mantra *"om mani padme hum"* ("Om, a joia na Flor-de-lótus, hum!") é considerado uma poderosa invocação do Bodhisattva Avalokiteshvara e, até hoje, é detidamente examinado e compreendido de diversos modos em muitos níveis distintos. Ele adquiriu uma tal importância que a sua redução à escrita em flâmulas, pinturas, ou mesmo grafados em pedras, se tornou um ato particularmente meritório (além, naturalmente, da sua intonação e da meditação e reflexão acerca dos seus significados e poderes) na região himalaica.

Como podemos ver, o Budismo, em seus incontáveis desdobramentos espirituais e culturais, desenvolveu um enorme acervo de rituais e celebrações que ajudam o ser humano a navegar pelo perigoso rio do Samsara. Infelizmente, só podemos destacar algumas delas ao longo deste livro. Nascimento, crescimento, morte: todo um universo de ritos e cerimônias foram sendo desenvolvidos pela tradição, marcando os principais estágios da vida humana. Além disso, por todas as partes por onde o Budismo passou, ele foi assimilando um conjunto de práticas locais que emprestam à tradição uma enorme complexidade, formando um extraordinário mosaico em permanente transformação, com um atordoante caleidoscópio de valores, crenças, mitos, ritos e práticas, quase todos eles voltados para a realização do despertar espiritual. Porém, nenhuma dessas práticas adquiriu a importância central, incontornável e insubstituível da meditação. E é para ela que agora nos voltamos.

6.1 Meditação

A palavra "meditação", no ambiente filosófico e religioso ocidental, aponta para um estado de reflexão ou contemplação. No Oriente, porém, trata-se de uma prática espiritual sistematizada de forma pormenorizada e profundamente arraigada nas incontáveis tradições filosóficas e religiosas que lá surgiram. Essa prática, que na Índia possui uma história particularmente longa, é compreendida como um exercício que objetiva conduzir a/o praticante não só a um estado de bem-estar físico, serenidade, contemplação e autoconhecimento. Mais do que isso, a meditação (as palavras *"dhyana"*, *"samadhi"* são as mais utilizadas em Sânscrito) é entendida como uma das principais chaves que nos permitem penetrar em estados mentais e dimensões cósmicas que rotineiramente não temos acesso. Além disso, algumas tradições acreditam que a sua prática sistemática conduziria ao domínio de poderes psicofísicos. É muito importante frisar que, tal como a maioria das práticas elencadas aqui, a prática da meditação formal deve ser supervisionada por um mestre experiente.

Não sabemos ao certo de onde essa prática se originou. Alguns autores, até algum tempo atrás, defendiam a tese de que a meditação "formal", isto é, sentada, buscando controlar a respiração e aquietar o corpo, derivaria de um fundo difuso de práticas "xamânicas" que teria se irradiado de algum lugar das vastidões da Ásia Central. Contudo, hoje, com informações mais precisas sobre as práticas espirituais em todo o planeta, fica claro que quase todas as culturas espirituais humanas desenvolveram, de alguma maneira, práticas meditativas que muito lembram, tanto do ponto de vista físico quanto mental e espiritual, as práticas meditativas indianas. Entre os nativos americanos, gregos e em muitos locais da África surgiram técnicas assemelhadas àquelas indianas. É importante lembrar que aquilo que chamamos costumeiramente de "ioga" é, na realidade, somente um dos vários caminhos ióguicos conhecidos e praticados na Índia. Tecnicamente, a ioga que aprendemos nas academias ou centros de ioga no Ocidente são diluições ou elaborações de um tipo de ioga chamada de *Hatha Yoga*, originariamente um método calistênico cujo principal objetivo era a boa forma do corpo e da mente para, posteriormente, ser possível enveredar por outro tipo de "caminho ióguico": *Raja yoga*, *Bhakti yoga*, *Sannyasin yoga*, *Dhyana yoga* e muitas outras "iogas". Nessa perspectiva, a palavra "ioga" significa, basicamente, um método, um caminho espiritual, conforme explicitado, por exemplo, num texto clássico da espiritualidade Indiana, a *Bhagavadgita*, cujos capítulos centrais são exposições sistemáticas dessas várias modalidades de ioga.

O Budismo, como herdeiro fiel das práticas ascéticas renunciantes, dentre as quais a prática da meditação talvez seja a mais importante, desenvolveu uma extraordinária gama de técnicas e processos meditativos que objetivam aproveitar toda e qualquer situação para a sua prática. Desde a mais comum, realizada sentada, de pernas cruzadas e com a atenção voltada ao corpo e à mente, até as práticas meditativas que se realizam caminhando, na posição deitada, em conjunto com a prática de outras atividades físicas (arco e flecha, artes marciais etc.), ou ainda contemplando a natureza ou uma obra de arte. Num certo sentido, pode-se afirmar que, do ponto de vista psicofísico, a meditação é a parte central da tradição; sendo as outras duas partes principais do sendeiro budista, a prática das virtudes e o exercício da sabedoria.

A prática sistemática da meditação remonta ao próprio Gautama, que, sabemos pelos relatos, passava a maior parte do tempo sentado em profundos estados meditativos. Lembremos que, quando renunciou ao mundo e se dirigiu para a mata, ele procurou dois mestres espirituais (Alara Kalama e Uddraka Ramaputra) que, certamente, possuíam na prática da meditação um dos pontos-chave das suas práticas devocionais ascéticas. A prática da meditação sentada era tão importante para Gautama que, logo no começo de um dos sutras mais importantes da história do Budismo, o *Mahasatipatthanasutra*, o qual veremos em detalhe em breve, o Buda afirma que a meditação é "o único (ou o principal, ['*ekayana*']) caminho" para o despertar. Já idoso, o Mestre brincava com os discípulos, dizendo: "meu corpo é como uma carroça velha, toda amarrada com cordas. Só a prática da meditação é que ainda deixa a carroça unida". Sabemos que, na rotina da Sangha primitiva – e ainda hoje na maioria das várias denominações budistas –, a prática meditativa ocupa, de longe, a maior parte do tempo. Tipicamente, o Buda meditava pela manhã até a hora da ronda de esmolas ao meio-dia; almoçava, retornava para um pequeno cochilo, retomava a meditação e meditava até o anoitecer. Levantava-se, caminhava, retornava para a meditação e meditava sentado e, posteriormente, deitado, a maior parte da noite também. Não é exagero afirmar que alguns monges e monjas chegavam – e chegam – a dedicar mais de dezeseis horas diárias à meditação, nas tradições que enfatizam de modo particular a prática meditativa.

De um modo geral, as tradições budistas afirmam que os principais objetivos da prática meditativa são dois: (i) a tranquilização (*shamatha*) do corpo e da mente para que seja possível (ii) uma análise (*vipassana*) pormenorizada das naturezas da mente e do mundo. É somente com a serenidade das estruturas física e psíquica que se torna possível compreender a natureza impermanente (*anitya*), insubstancial (*anatman*) e dolorosa (*dukkha*) da realidade. Nessa perspectiva, a meditação se torna uma espécie de preliminar para que seja possível um cuidado de si e se atinja a condição fisiológica e mental humana ótima; isto é, estabelecer um cultivo habitual físico e mental diário, criando as condições de possibilidade para um processo de reflexão e contemplação continuada, que tem por meta fundamental não a criação de uma filosofia ou a prática da especulação espiritual, antes, aquela prática pretende estabeler as causas para que seja possível guardar continuamente o corpo e a mente dos elementos internos e externos que nublam e escondem o sendeiro para a paz do despertar. Essa ênfase na meditação passa, então, a balizar todo o restante das práticas (o exercício das virtudes e da sabedoria), na medida em que um corpo são e uma mente sã revelam os trampolins ideais para o mergulho para dentro de si e da realidade.

Do ponto de vista da prática propriamente dita, é melhor deixar falar o próprio Mestre no *Satipatthanasutta*:

> *Monges, este é o único camiho* (ekayana)
> *para a purificação dos seres, para*
> *a superação da infelicidade e das*
> *lamentações, para o desparecimento*
> *da dor e da mágoa, para se atingir o*
> *verdadeiro caminho, para a experiência da*
> *libertação* (nirvana): *as quatro fundações*
> *da consciência. E quais são esses quatro?*
> *Neste caso, monges, um monge permanece*
> *contemplando o corpo no corpo, ardente,*
> *compreendendo claramente e atento,*
> *tendo subjugado a saudade e a repulsa*
> *em relação ao mundo. Ele permanece*
> *contemplando as sensações nas sensações,*
> *ardente, compreendendo claramente*
> *e atento, tendo subjugado a saudade*

e a repulsa em relação ao mundo. Ele permanece contemplando a mente na mente, ardente, compreendendo claramente e atento, tendo subjugado a saudade e a repulsa em relação ao mundo. Ele permanece contemplando os fenômenos nos fenômenos, ardente, compreendendo claramente e atento, tendo subjugado a saudade e a repulsa em relação ao mundo. E como, monges, um monge permanece contemplando o corpo no corpo? Neste caso, monges, indo para a mata, para o pé de uma árvore ou para uma cabana vazia, ele se senta; tendo cruzado as suas pernas, alinhado o seu corpo e estabelecendo a atenção para si, simplesmente atento ele inspira, simplesmente atento ele expira. Inspirando longamente, ele compreende: "estou inspirando longamente"; ou então, expirando longamente, ele compreende: "estou expirando longamente". Inspirando de forma curta, ele compreende: "estou inspirando de forma curta"; ou então, expirando de forma curta, ele compreende: "estou expirando de forma curta". Ele treina da seguinte maneira: "eu vou inspirar experienciando o corpo etc."
(Majjhima Nikaya 10.2)

O *Satipatthanasutta* ("O ensinamento acerca dos quatro fundamentos da atenção/consciência") é um dos mais importantes *sutras/suttas* já elaborados pela tradição. Ele é tão importante que existem dele duas versões: a longa e a mediana, encontradas, respectivamente, no *Dirgha* e no *Majjhima Nikaya*. A diferença entre os dois é a última parte da versão mais extensa, que é inteiramente dedicada às principais características do sendeiro budista: o Nobre Caminho Óctuplo, as Quatro nobres Verdades etc. O texto se inicia com uma declaração impressionante do Buda: a atenção (ou a consciência focada, *"sati"*) é o fundamento, a base (*"patthana"*) do caminho para o despertar. Essa atenção é a chave que abre todas as portas da interioridade física, psíquica e externa. Ela é o portal que, uma vez transposto, permite enxergar com clareza a verdadeira constituição da realidade. É só a partir daquela condição de atenção focada que se torna possível a tranquilização do corpo e da mente (*shamatha*) para que seja realizado, então, o processo de análise (*vipassana*) dos fenômenos. Idealmente, uma vez estabelecidos no diapasão da tranquilidade física e psíquica, será possível analisar pormenorizadamente a natureza do mundo, constituída, como vimos, de acordo com a tradição, pela impermanência, insubstancialidade e sofrimento. Mais do que isso, à medida em que se aprofundam os estados de serenidade e investigação dos elementos, abrem-se novas regiões mentais e descortinam-se estados psíquicos cada vez mais elevados (ou profundos, de acordo com a perspectiva), mapeados e chamados pelo Buda de "os quatro estágios meditativos" (*jhana*, em Páli; *dhyana*, em Sânscrito), que são hierarquizados e caracterizados por Gautama de forma uniforme e consistente em outros ensinamentos da tradição, apesar de, compreensivelmente, o Buda silenciar acerca do *conteúdo* daquelas experiências últimas. Mais uma vez, esses estágios remontam à sua experiência pessoal do Despertar, na sua celebrada vigília que ocorreu às margens do Niranjana sob a copa de uma frondosa Figeira-de-Bengala (depois chamada de "a árvore do despertar"). Recordemos que, ao longo daquela noite, Siddhartha penetra em quatro dimensões da realidade que lhe permitiram vislumbrar: as suas encarnações passadas, a trama interdependente que faz com que os seres surjam e ressurjam em diferentes condições existenciais, a originação codependente, que articula os nexos causais do fenômenos a partir da impermanência, insubstancialidade e do sofrimento; contudo, acerca do último estágio, como podemos nos lembrar, o Mestre se cala, certamente implicando, com seu silêncio, a impossibilidade de se expressar o inexprimível. A natureza inconcebível do despertar, então, manifesta-se no silêncio, que, mais do que calar, permite que a realidade se exprima de forma incomunicável. A consciência do balé elemental, que se dispõe como um mosaico fluido de infinitas energias que se organizam e se desmancham sob a batuta da interdependência, produz o rodopio final do vórtex dos elementos, que catapultam o buscador para a outra margem do rio do Samsara, o remanso do Nirvana.

As quatro fundações, as quatro vigas, as quatro pilastras para a consecução da experiência da libertação são: a atenção focada/consciência do corpo (*kayanupassana*), a atenção/consciência dos sentidos (*vedananupassana*), a atenção/consciência da mente (*cittanupassana*) e a atenção focada ou a consciência dos elementos constitutivos da experiência (*dhammanupassana*). É muito importante uma reflexão detida quanto a essas fundações sobre as quais a tradição construiu o edifício do projeto que conduz à Iluminação.

1. A consciência do corpo. A atenção focada voltada para o corpo assinala o início do percurso do sendeiro do despertar. É na fisicalidade, ao contrário de outras tradições que valorizam uma certa concepção de alma ou espírito, que o projeto budista se inicia. O texto oferece quatorze aspectos de meditação acerca do nosso corpo: (i) atenção na respiração; (ii) meditação sobre as quatro posturas (sentado, em pé, caminhando, deitado); (iii) compreensão clara das atividades do corpo (comendo, bebendo etc.); (iv) atenção na natureza repulsiva do corpo (com uma impressionante análise da anatomia interna do corpo humano, descrevendo os seus múltiplos órgãos e tecidos); (v) consciência dos elementos; e, finalmente, (vi) as nove contemplações dos campos de cremação. Vejamos como cada um desses pontos é articulado:

(i) Atenção na respiração. O Buda recorrentemente caracterizava a atenção focada ou a consciência sustentada na sístole e diástole da respiração como sendo o melhor instrumento para atingir o Despertar. Segundo as suas próprias palavras, ele havia utilizado a atenção à respiração como a principal técnica meditativa para alcançar a iluminação. Mais do que isso, era comum o Mestre se retirar da comunidade monástica para fazer um retiro solitário, em que ele se dedicava exclusivamente "à concentração obtida através da atenção na respiração". Ele, inclusive, atribui àquele modo de meditação a honra singular de chamá-la de "a morada do Tathagata". A caracterização é preciosa, já que, como para a maioria das tradições ascéticas indianas, o sentar-se ereto e atento à inspiração, ao intervalo, e à expiração, nas matas, montanhas e cavernas, revela o programa básico e a prática mais fundamental daquelas tradições renunciantes.

(ii) Meditação nas quatro posturas. (a) Postura sentada. O texto começa com o convite do Mestre para que alguém se dirija a um local silencioso (a mata, uma caverna, uma cabana, um quarto) e se sente numa posição confortável. Kamalashila, um importante pensador e praticante do século VIII, resume desta maneira as instruções que, com pequeníssimas diferenças, servem para todas as tradições budistas: sente-se sobre uma almofada fina ou tecidos dobrados de pernas cruzadas, uma sobre a outra na altura da coxa. Esta postura é chamada de "flor-de-lótus", ou, se isso não for possível, somente com uma perna sobre a outra ("meio-lótus"), ou, se isso também não for possível, recolha as pernas normalmente. O importante é a estabilidade da posição. Os olhos não devem estar nem abertos (para evitar as distrações exteriores) ou fechados (para evitar a sonolência). Olhar para a ponta do nariz com os olhos semicerrados é uma técnica bem difundida; o corpo deve ficar ereto, sem rigidez, evitando se curvar para frente ou para trás; a atenção deve ser dirigida ao interior (respiração, elementos internos do corpo e processos mentais); os ombros devem permanecer no mesmo nível, sem pender para um lado ou outro; a cabeça deve ficar numa posição ereta, sem cair para frente ou para trás; o nariz deve ficar alinhado ao umbigo; os lábios devem se tocar gentilmente e a língua deve permanecer encostada no céu da boca, encostando na gengiva frontal da arcada superior dos dentes; deve-se respirar de modo suave e audível, porém nem muito devagar e nem depressa demais. No início, tudo que deve ser feito é manter a atenção na inspiração e na expiração. Contudo, mais uma vez é importante lembrar, todas essas informações, além das técnicas para superar o cansaço, o torpor etc. devem ser aprendidas aos pés do mestre espiritual. A presença e outorga da técnica por parte do mestre da tradição é incontornável e insuperável. Livros, filmes: nada disso é seguro, já que a transmissão continuada milenar do exercício, junto das bênçãos da tradição e do poder da iniciação na corrente da tradição, são partes integrantes inextrincáveis do mesmo processo.

(b), (c), (d). As outras posturas do corpo. Apesar da centralidade da meditação sentada, a tradição também incentiva a atenção constante nas outras posturas: em pé, caminhando e deitada. É rara, em relação às outras posturas, a descrição da condição meditativa em pé. Tudo leva a crer que a meditação em pé serve como solução de continuidade entre a postura sentada, o caminhar e o deitar. Podemos imaginar que, numa situação em que a postura em pé prolongada se faz necessária, a ênfase deve ser sempre centrada no fenômeno da respiração. Ao contrário, existem descrições bastante minuciosas acerca da meditação em movimento. Neste caso, o praticante deve manter a postura ereta, o olhar deve estar voltado para baixo e para frente, numa distância de três metros; o pé deve ser plantado no chão com a região do calcanhar e, gentilmente, deve-se pisar com todo o pé, sentindo toda a sua extensão: calcanhar, planta e dedos, nesta sequência; deve-se levantar um pé ao mesmo tempo em que se pisa com o outro, na mesma posição referida, e assim sucessivamente. O Buda era um caminhante vigoroso, cruzando todo o Nordeste da Índia à pé e, quando ele se instalava em algum local para nele passar algum tempo ou pernoitar, gostava de caminhar como forma de relaxar das longas sessões meditativas sentadas. Remontando ao Mestre, a prática da caminhada meditativa é, por vezes, realizada com o auxílio do canto de um mantra e, também, com o auxílio de um rosário para marcar um certo número de repetições. Algumas tradições enfatizam a necessidade de não se manter contato visual com eventuais transeuntes e, também, não se fixar em nenhum signo (característica de qualquer ser) ao longo dessa prática. Finalmente, ao ir cochilar depois do almoço, mas, principalmente, antes de dormir, à noite, os praticantes são encorajados a se deitarem sobre o lado direito do corpo, flexionarem levemente as pernas na altura do joelho, mantendo-as juntas, e colocarem a mão direita sob a cabeça e a esquerda ao longo do corpo. Esta postura, sempre com a ênfase nos exercícios respiratórios e a consciência interna dos fenômenos psicofísicos, deve servir como transição suave para o sono. Todavia, algumas tradições chegaram a desenvolver sofisticadas técnicas de consciência inclusive durante o sono, a chamada *"yoganidra"* ("ioga do sono ou dos sonhos").

(iii) Compreensão clara das atividades do corpo. Toda e qualquer ação (respirar, comer, beber, caminhar, urinar etc.) deve ser realizada com plena consciência, isto é, de forma lenta e deliberada, instrumentalizando o foco da atenção, por exemplo, para a textura e sabor dos alimentos (sem juízo de valores, num simples testemunhar), para a temperatura e consistência da bebida etc. A atenção seria o "escudo" que protege a mente do seu vagar inquieto constante e irrefletido. O foco da consciência deve estar sempre voltado para a atividade que está sendo realizada, o que explica o uso das técnicas desse modo de meditação em várias áreas humanas: nas artes e nos esportes, por exemplo.

(iv) A atenção na natureza repulsiva do corpo. Apesar de o corpo ser o foco inicial de todo o esforço meditativo budista, a sua natureza não é apreciada e muito menos elogiada. Pelo contrário, o Buda estava convencido de que a consciência da sua transitoriedade e dos seus aspectos mais repulsivos era uma importante forma de desenvolver o desapego pelos corpos, tanto os dos praticantes quanto os daqueles que porventura os praticantes se deparassem. O apego pela forma – especialmente pela forma bela dos corpos – era um empecilho difícil de ser superado. Daí uma descrição minuciosa dos órgãos e tecidos internos e uma ênfase constante nos seus aspectos menos atraentes – substância corpóras, locais do corpo etc. Além disso, a análise da natureza impermanente, insubstancial e potencialmente dolorosa dos prazeres do corpo (e da mente) ajudam no resguardo das condições ótimas para a manutenção do estado de "pureza" – ainda que compreendido de forma diversa pelas diferentes vertentes da tradição, como naquelas tradições tântricas que objetivam superar as dicotomias que aprisionam a mente humana.

(v) A consciência dos elementos. A multiplicidade e interdependência dos elementos que compõem a fisicalidade (água, ar, terra e fogo) humana última oferecem oportunidades únicas para se explorar de forma analítica a constituição da nossa estrutura corpórea. Herdeiro da visão de que quatro grandes elementos (*mahabhuta*) constituem a materialidade, o Budismo compreende que a investigação sistemática do elemento "fogo" na fisicalidade (calor corpóreo, fogo digestivo); água (líquidos, muco); "ar" (respiração, espaços vazios) e "terra" (ossos, cartilagens) contribuem para criar a consciência da mutabilidade e impermanência ao qual todos estão submetidos. Não surpreende, por isso, o desenvolvimento da medicina budista, tanto do ponto de vista do estudo da anatomia quanto das possibilidades medicamentosas disponíveis.

(vi) As nove contemplações dos campos crematórios. Por desenvolvimentos civilizacionais específicos, o Ocidente tendeu a afastar o fenômeno da morte (e da doença física e mental) dos olhares da sociedade. Na Índia antiga – e em alguns contextos ainda hoje – a morte e a doença ocorrem nos espaços públicos. O Buda costumava enfatizar a meditação em campos crematórios, onde, segundo ele, é mais fácil atingir o desapego em relação ao corpo e ao prazer sensório. Idealmente, ao testemunhar o resultado final, nem sempre totalmente eficiente, da cremação dos corpos e a presença de animais que se aproveitam dessa situação para adquirir alimento, a tradição procura apontar de forma simples e direta para a verdadeira natureza daquilo que tanto nos é tão caro: o nosso corpo e o apego desmedido às possibilidades de prazer que dele ocorrem. O Mestre gostava de levar os noviços pessoalmente aos campos crematórios e lá discorrer longamente acerca da nossa verdadeira natureza física. O ensinamento era, certamente, inescapável e marcante.

2. Contemplação das sensações (*vedananupassana*). É importante lembrar que o fenômeno da sensação é o resultado de uma interdependência de elementos anteriores que, por si só, já nos ensinam acerca da natureza interdependente de todos os fenômenos e processos: os elementos exteriores, as estruturas da nossa constituição corporal e as estruturas da nossa constituição mental; é na tensão interdependente de todos aqueles fenômenos que ocorre toda e qualquer sensação. Essas sensações serão diligente e exaustivamente mapeadas e serão, posteriormente, organizadas e diferenciadas em três tipos primários – agradável, desagradável e nem agradável e nem desagradável –, que são, por sua vez, distinguidas entre sensações carnais e espirituais. Assim como na dimensão da fisicalidade estrita, as sensações se revelam como condições excelentes para que seja possível a análise desapaixonada de todo um universo sensório ao qual não estamos familiarizados devido à nossa desatenção permanente. A cartografia do nosso mapa sensorial adquire uma importância tremenda para a tradição, que nunca cessa de enfatizar a necessidade de nos guardarmos das sensações que ainda não surgiram (boas, más ou neutras), ficarmos atentos às que estão ocorrendo (boas, más ou neutras) e nos preparar para estimular aquelas sensações que nos ajudam na prática do desapego e no progresso no sendeiro.

3. Contemplação da mente (*cittanupassana*). Esta modalidade contemplativa está centrada nos estados mentais, que no *sutra* são reduzidos a oito: cobiça, ódio, ilusão, contração, exaltação, superação, concentração, libertação e os seus oito opostos (uma mente sem cobiça, sem ódio, sem ilusão, descontraída etc.). Essas polaridades mentais devem ser observadas sem nenhum tipo de ação voluntária para transformar qualquer um desses estados psíquicos. Deve-se, num primeiro momento, simplesmente *testemunhar* o fenômeno. Tal exercício aponta para alguns corolários fundamentais para a tradição: a impermanência dos estados mentais, a sua insubstancialidade e o sofrimento no caso de apego a qualquer um deles. A contemplação da mente se tornou um ponto orbital tão importante que, por vezes, o Budismo é chamado de uma "cultura da mente", isto é, um cultivo, um cuidado, uma atenção carinhosa para com a mente, na medida em que, se quisermos caracterizar a tradição como uma "pedagogia para o despertar", fica clara a centralidade daquela atenção na mente, já que a própria noção de "iluminação" se refere, exclusiva e preponderantemente, à iluminação da mente e à necessária purificação mental levada a cabo pela atenção constante naqueles conteúdos intramentais que não cessam de se transformar. A contemplação mental continuada exige, de forma solidária, a serenidade do corpo para que se torne possível aquele esforço analítico. Tal exigência, mais uma vez, aponta não só para

a interdependência entre corpo e mente, mas também aponta para a necessidade de se perceber a interação causal entre estados corpóreos e mentais (a sensibilidade afetando a mente; por exemplo, a forma de um belo corpo criando o desejo por ele; e também vice-versa; por exemplo, um pensamento de ódio se manifestando como um ato de violência física), bem como entre os próprios estados mentais entre si (um pensamento negativo originando um negativo, como o desejo despertando a cobiça ou, ao contrário, um estado mental positivo como condição necessária de um outro estado mental positivo: um pensamento amoroso sendo seguido por um estado de felicidade).

4. Contemplação dos fenômenos (*dhammanupassana*). A palavra *"dhamma"*, neste caso, aponta especificamente para aqueles elementos diretamente relacionados com o progresso na senda da iluminação, divididos em cinco grupos. Os cinco grupos apontam tanto para elementos internos quanto externos, assim como para elementos objetivos e subjetivos: as cinco máculas ou obstáculos à pratica (desejo sensório, má-vontade, apatia ou sonolência, inquitação ou remorso e dúvida); os cinco agregados (forma, sensação, percepção, vontade e consciência), isto é, tudo aquilo que constitui a experiência humana; as seis bases sensórias internas e externas (o olho e a visão, o ouvido e os sons, o nariz e o olfato, a língua e os sabores, o corpo e os objetos tácteis, a mente [que para o Budismo também

é um sentido, aquele que unifica e sintetiza os outros] e os elementos mentais); os sete fatores da iluminação (atenção, análise dos fenômenos, energia, entusiasmo, tranquilidade, concentração e equanimidade) e as Quatro Nobres Verdades (o sofrimento, a origem do sofrimento, a possibilidade de superação do sofrimento e o caminho para a superação do sofrimento, que aponta para o Nobre Caminho Óctuplo). Esse conjunto de elementos perfazem a totalidade daquilo que a tradição julgou mais importante do ponto de vista de uma reflexão continuada, de uma meditação decisiva para que seja possível reunir as condições de possibilidade para a experiência do Despertar. Podemos compreender melhor agora a importância central do *Mahasatipatthana-sutta*. Tradicionalmente, este texto deveria ser decorado para fins de meditação particular e também de pregação. O *texto* dele alcançou uma influência e uma fama tão grande no Sudeste Asiático que, ainda hoje, ele é envolto em panos e guardado em caixas decoradas. Em dias festivos da tradição, as pessoas lhe oferecem incenso e o leem em voz alta. Também é comum, no festival do *Uposatha*, que os leigos passem o dia jejuando e meditando acerca do seu conteúdo. Este sutra foi decisivo para a cristalização daquilo que hoje se chama de "a tradição da floresta", uma importante vertente budista originária de Mianmar (antiga Birmânia) e da Tailândia cuja ênfase na meditação, ainda que adaptada ou um pouco diluída (porém sempre com o duplo objetivo de *shamatha*, serenidade e *vipassana*, análise) tem encontrado adeptos fiéis na sua expansão para o Ocidente.

Finalmente, é importante falar um pouco dos estágios mentais meditativos mais profundos apontados, mas nunca minuciosamente descritos – compreensivelmente – pelo Buda, dada a necessidade da presença de um mestre da tradição para discuti-los individualmente com o discípulo. Mais uma vez, esses estágios remontam à Vigília do Despertar e foram depois articulados pelo Mestre numa espécie de progressão ascendente em termos de radicalidade da experiência vivida. Segundo ele, após se abandonarem aqueles cinco obstáculos ou máculas da mente, descritos mais acima, que enfraquecem a sabedoria, alguém, afastando-se dos prazeres sensórios, afastando-se de estados prejudiciais, entra e permanece no primeiro *jhana*, que é acompanhado de pensamento e reflexão, isto é, que possui um conteúdo passível de ser transmitido. O resultado imediato deste estágio é a alegria e a felicidade. Depois, com o aquietar do pensamento, do discurso e da reflexão, o praticante entra e permanece no segundo *jhana*, que possui como características a confiança interna e a unificação da mente, ou seja, neste estágio é produzida a crença na eficácia do método da tradição e dá-se também o foco necessário da consciência para se atingirem os outros estados mentais mais profundos. Neste nível, desaparecem o pensamento e a reflexão, porém, a alegria e felicidades nascidas da concentração permanecem. Progredindo mais ainda, ou mergulhando cada vez mais nos abismos da mente, o meditador alcança a equanimidade, isto é, a superação daquelas dicotomias mentais, e, atento e compreendendo claramente, experimenta felicidade no corpo; este é o terceiro *jhana*. Por fim, atingindo o pináculo das experiências mentais possíveis, com o abandono do prazer e da dor e com a superação das alegrias e tristezas, ele entra e permanece no quarto *jhana*, que não é nem doloroso nem agradável, e inclui a purificação da atenção pela equanimidade. É importante perceber que toda a descrição da série é feita de forma absolutamente analítica, fria e desapegada. Não se fala sobre visões, êxtases ou qualquer tipo de fenômeno paranormal. Todo o processo é descrito através de suas características *externas* mais salientes, porém jamais procurando explicitar qualquer tipo de conteúdo que surja durante esses longos processos meditativos. Mais uma vez, cabe ao mestre aclarar e interpretar os conteúdos experienciados pelos meditatores na solidão das suas mentes.

Portanto, a atenção centrada no corpo em suas diversas posturas e dinâmicas, a atenção na mente e em seus processos, a consciência dos elementos que constituem a experiência, todo este leque de modalizações da nossa estrutura psíquica em termos de uma vigilância constante sobre esse inimigo onipresente – o arrepio da sensibilidade – é a chave-mestra para a realização daquela experiência singular de Iluminação. Este modo particular de exercício espiritual foi diagramado e exaustivamente analisado em um dos mais importantes manuais da tradição do Abhidharma Theravada, o "Caminho da Purificação" (*Viśuddhimagga*) de Buddhaghoṣa (século V e.c.). Os que se interessam por este caminho encontrarão naquele texto um verdadeiro tesouro de práticas e comentários que em muito ajudam a melhor compreender a sua natureza e aplicação prática.

6.2 Ética e Política

Por fim, já que estamos falando de práticas ao longo deste capítulo, seria importante fazer referência à prática política no âmbito da prática do Dharma, aquilo que hoje, em muitas partes do mundo, é chamado de "Budismo engajado". O conjunto de valores morais preconizados pela tradição, aliado ao diálogo com todas as dinâmicas sociais com as quais o Budismo se encontra, nas incontáveis situações históricas e nos variados contextos societários nos quais ele atuou e atua, fez com que, lentamente, um expressivo número de líderes espirituais budistas, como o Dalai Lama, Thich Nhat Hahn e Aung San Suu Kyi, que são somente alguns dos mais visíveis no mundo globalizado contemporâneo, começassem a atrair e galvanizar energias sociais e políticas que foram sendo alimentadas pelos valores defendidos pela tradição, indo desde a não violência, passando pelo vegetarianismo, até alcançar a participação política direta, como no caso das lideranças mencionadas acima. Esta prática política é frequentemente iluminada pelos valores intrínsecos da não violência, da boa-vontade, do cultivo da gentileza amorosa, da interdependência de todas as criaturas e fenômenos, além da solidariedade centrada na consciência do sofrimento universal. Mais do que isso, por vezes a tradição se enriquece com uma gama de valores tipicamente elaborados nos contextos políticos ocidentais (como Democracia, Direitos e Liberdades Civis, Igualdade de gêneros etc.) para se tornar porta-voz global de um conjunto de ações desconhecidas no contexto oriental *antigo* das diversas vertentes regionais budistas, participando de forma ativa em marchas de protesto, na causa ambientalista, nos direitos dos animais, no ecofeminismo e em muitas outras fromas de manifestação. Contudo, é interessante notar como, às vezes, esse sincretismo de moralidades políticas esbarra em algumas questões que são, do ponto de vista da tradição, inadmissíveis (aborto, liberação de entorpecentes, igualdade de gêneros, terrorismo vegano ou respeito a toda forma de sexualidade). Será muito interessante estar atento e acompanhar os caminhos que esta forma de participação política amparada no Dharma assume e virá a assumir com o crescimento das comunidades laicas e monásticas pelo mundo afora, no contexto de globalização societária e fragmentação tribal que se percebe. O uso da internet, que conta com um extraordinário número de fóruns e plataformas para a disseminação do Dharma, é outra das áreas que prometem, mais uma vez, influenciar os caminhos da tradição, cuja impressionante plasticidade foi, sem dúvida, um dos componentes mais importantes para a sua vitalidade e longevidade.

Sétima Lição

A cultura material budista: a arquitetura e as artes

7.1 Arquitetura e artes plásticas

A comunidade monástica budista mais primitiva era formada exclusivamente por renunciantes que seguiam o estrito código de conduta imemorial dos ascetas indianos. Liderados pelo Buda, eles viviam em constante deslocamento, parando, na maioria das vezes, para um rápido pernoite e, com a aurora do dia seguinte, pegando de novo a estrada. Por isso, a comunidade não possuía qualquer tipo de ponto de reunião ou construção que marcasse um certo ponto originário de irradiação da tradição. É exatamente por isso que a Sangha, no início, não possuía qualquer tipo de templo/mosteiro (*vihara*) ou estrutura física permanente. As matas, as cavernas, as montanhas e a sombra das grandes árvores eram os refúgios que os ascetas itinerantes buscavam, geralmente próximos a vilas ou cidades (a distância ideal era de sete quilômetros), onde era possível mendigar a única refeição diária e pregar, em agradecimento pela esmola de alimento, um pouco do Dharma; depois disso, voltava-se para a mata para passar o restante do dia em meditação. Nas vilas e cidades, os monges ficavam nos parques públicos ou na propriedade de conhecidos, no pátio de templos hindus ou ainda nas hospedagens públicas para viajantes.

A única pausa mais permanente da comunidade se dava na época das monções (entre Junho e Setembro), quando, por causa da chuvas diárias fortes, o que ocasionava a dificuldade de deslocamento – as trilhas se tornavam intransitáveis e era impossível cruzar os rios –, os membros da Sangha costumavam fazer um retiro pela duração da estação, construindo cabanas provisórias de argila e sapê para que fosse possível passar aqueles três meses se dedicando exclusivamente à meditação. Esses refúgios provisórios eram divididos por gênero, monges e monjas habitando estruturas diferentes. Contudo, ainda durante a vida do Buda, alguns membros mais afluentes da comunidade laica começaram a ofertar terrenos, parques e casas de passagem para a comunidade monástica. O príncipe Jeta doou o famoso parque que acabou sendo conhecido pelo nome de "Parque de Anathapindika", o dono anterior da propriedade, localizada em Savatthi; Visakha, a mãe da devota Migara também doou uma bela propriedade à Sangha, que ficou conhecida com o Parque Oriental, também em Savatthi. Foi provavelmente nesses terrenos doados à comunidade que começaram a surgir as estruturas mais permanentes que dariam origem, com o decorrer do tempo, aos enormes complexos monásticos que eram formados por templos, bibliotecas, hospitais e refeitórios. Mais tarde, nos primeiros séculos da era comum, começaram a surgir os primeiros focos daquilo que mais tarde seriam os grandes centros de estudo budista, posteriormente chamados de "universidades", como Nalanda e Odantapuri.

Porém, após a morte do Buda e da divisão das suas cinzas, tornou-se comum erigir pequenas estruturas, "capelas" (*caitya*) e "marcos funerários" (*stupa*), que serviam como relicário e entesouravam as cinzas do próprio Gautama, e, posteriormente, essas estruturas se multiplicaram para guardar também as cinzas de outros monges e monjas de destaque. A palavra *"stupa"* deriva da raiz verbal Sânscrita e Páli que significa "fazer uma pilha, empilhar". Quando perguntado por Ananda quem era digno de um *stupa*, o Buda respondeu que "quatro pessoas eram dignas de um *stupa*: o

Tathagatha, um arahant, um Buda solitário e um monarca universal (um imperador), já que ao ver um *stupa* o coração se acalma". O Buda também observou que era um ato meritório depositar, com devoção, flores, incenso e pastas odoríferas numa daquelas construções, que eram, basicamente, formadas por cúpulas ou domos semi-hemisféricos, talhados com imagens ou não, nos seus contornos circulares. Com o passar do tempo, aqueles pequenos relicários foram sendo remodelados e aumentados. Com o influxo do patronato real e imperial, com destaque para a disnastia Maurya e o Imperador Ashoka, que espalhou pelo seu vasto império dezenas de pilares comemorando o Buda, o Dharma e a Sangha. Foi ele também o provável responsável pelo estabelecimento dos chamados "quatro locais especiais da tradição" (o Parque Lumbini onde o Buda nasceu; Bodh Gaya, onde ele se iluminou; Sarnath, onde ele proferiu o seu primeiro discurso, e Kushinagara, onde ele faleceu), que logo se transformaram em locais de peregrinações; algum tempo depois, tornou-se uma prática piedosa a construção, naqueles locais, de templos, hospedarias e uma série de estruturas para albergar os peregrinos e a comunidade monástica. Até hoje esses locais continuam a ser modificados por novas estruturas para o apoio aos budistas e por marcos comemorativos inaugurados por visitantes ilustres, como, por exemplo, a peregrinação realizada pelo próprio Imperador Ashoka em 260 a.e.c. àqueles quatro locais, que se tornaria o protótipo desse tipo de patrocínio. Foi ele também que inaugurou as novas estruturas monumentais de sete dos oito stupas originários que encerravam as cinzas do Mestre. A tradição afirma que Ashoka teria aberto os relicários e dividido as cinzas do Buda em 84.000 stupas menores, um exagero óbvio, mas que aponta para o processo de multiplicação daquelas pequenas estruturas originais. Alguns stupas, como os que se pode visitar ainda hoje no Parque dos Cervos em Sarnath, onde Siddhartha pela primeira vez pregou – onde ele colocou em movimento a Roda do Dharma –, se transformaram em enormes e sofisticados marcos arquitetônicos e artísticos e serviram de modelo para os enormes *stupas* de Amaravati, Bharhut e Sanchi. Com a expansão do Budismo para fora da Índia, levou-se também a tradição de construção dessas estruturas para celebrar os seus santos locais, e hoje temos impressionantes exemplos de *stupas* em virtualmente todos os locais para os quais a tradição se espraiou. Viajantes chineses, que a partir do século IV da nossa era começam a se dirigir à Índia em busca de textos e, também, para peregrinações, como Fa Xien, Huien Tsiang, e outros posteriormente, atestam a vitalidade dos principais pontos relacionados com a história do Buda e da Sangha. Além daqueles quatro pontos particularmente ligados à trajetória do Buda, cidades como Savatthi (Shravasti em Sânscrito), Kapilavastu (a cidade onde o Buda cresceu), Rajagriha, Kosambi, Vaishali, Patna, Gaya e dezenas de outras testemunharam o florescimento de prédios e obras de arte relacionadas à tradição. Ainda hoje esses locais atraem budistas de todo o mundo e continuam a testemunhar a construção de novos templos e a multiplicação de muitas outras estruturas que buscam melhorar as condições de peregrinos, tanto monges e monjas como os fiéis laicos. Nesse sentido, pode-se afirmar que aqueles quatro locais fundacionais delimitam o perímetro da atuação histórica da Sangha primitiva e caracterizam a "Terra Santa" budista.

Contudo, apesar da importância histórica de todos aqueles locais, o sítio exato do Despertar, Bodh Gaya, assume facilmente o epicentro da Terra Santa da tradição, marcado pelo enorme templo construído ao redor da árvore sob a qual Gautama despertou, chamado de Mahabodhi Vihara (o Templo/Mosteiro do "Grande Despertar"). O complexo de construções anexas ou espalhadas ao redor do Mahabodhi Vihara foi um dos primeiros pontos a receber um conjunto arquitetônico e artístico que comemoravam o Buda, o Dharma e a Sangha. Desde então, a arquitetura e as artes plásticas se tornaram, também, formas de celebrar a tradição e, além disso, serviram como instrumentos para que a sua mensagem fosse espalhada de forma material para todas as regiões para onde o Budismo se espalhou. É graças à presença da arquitetura, da escultura e de outras formas materiais, que deixam marcas mais nítidas na estrada do tempo, que se torna possível compreender de forma mais clara a trajetória, os desenvolvimentos e as mudanças pelas quais a tradição passou.

Do ponto de vista da escultura, por exemplo, sabemos que, nos cinco primeiros séculos, a figura do Buda não foi representada em sua forma humana: uma flor-de-lótus, geralmente, representava o seu nascimento; uma árvore, a sua iluminação; a Roda do Dharma, o seu primeiro ensinamento; um trono, um parassol ou ainda duas pegadas eram as formas tradicionais de indicar a sua presença numa cena gravada na rocha; um *stupa*, a sua morte. Foi necessário que o Budismo alcançasse a região de Gandhara (no atual Afeganistão), por volta do primeiro século da nossa era, para que lá, encontrando-se com o helenismo dos reis indo-gregos da dinastia Kushana (séc. I-III da nossa era), fruto da semente da expansão de Alexandre o Grande, até o Noroeste do subcontinente indiano, o Buda tivesse a sua primeira representação iconográfica (*Buddharupa*). O Imperador Kanishka (78-101), um dos principais apoiadores do Budismo da dinastia Kushana, é tradicionalmente referido como o principal patrono daquela nova forma de representação do Buda. O impacto dessa estatuária indo-grega foi tão profundo que, de forma quase concomitante, surgiu a segunda escola de escultura budista, a da cidade de Mathura, esta localizada no coração do Norte da Índia e que, não por coincidência, era a segunda capital da dinastia Kushana. As duas escolas de escultura usavam materiais diferentes e estilizações distintas para caracterizar a imagem do Buda. A escola de Gandhara costuma representar o Buda de forma helenística, guardando as características da escultura grega. Já a escola de Mathura tende a representar o Buda a partir das formas mais indianas de representação iconográfica. Particularmente importante se tornaram as representações gestuais (*mudra*) das mãos do Buda, que vieram a representar e transmitir silenciosamente uma série de estados de espírito e de mensagens para os fiéis.

Uma outra interessante forma de arte que prosperou sob a influência budista e os auspícios do patronato laico foi a pintura mural, que possuía uma técnica similar aos dos afrescos ocidentais. Os complexos murais nas cavernas de Ellora, Karle e Ajanta (séc. V-IX) na região de Maharashtra – e Dun Huang na Ásia Central (hoje na China) – atestam a qualidade e a longevidade daquela forma de arte. Assim como nos s*tupas*, as decorações e os afrescos da pintura budista representam também seres que, de origem hindu, frequentam o universo mitológico e o imaginário budista: *yakshas* e *yakshis*, divindades tutelares ligadas à natureza (que influenciaram a escola de Mathura nas representações do Buda); *gandharvas*, músicos celestiais; *apsaras*, ninfas e todo um compexo imagético e iconográfico sincrético que, mais uma vez, aponta para a plasticidade da tradição.

É comum, ainda, nessas pinturas, cenas das encarnações anteriores do Buda, descritas nos *Jatakas*. A partir dos séculos III e IV, as representações iconográficas do Shakyamuni também alcançam o Sul da Índia, como se pode ver nas representações dele em Amaravati. Não é rara, igualmente, a representação de deuses e deusas dos vários panteões hindus, por vezes, nas mesmas cenas. Mais tarde, a pintura e a escultura de Bodhisattvas, no ambiente religioso do tronco Mahayana, também marcaria forte presença, e, mais uma vez, todas essas representações foram transladadas para fora da Índia, tornando-se uma baliza normativa das artes visuais budistas não indianas, que, aos poucos, foram adquirindo contornos locais, multiplicando o universo representativo das artes plásticas da tradição no restante da Ásia.

7.2 Literatura

Como já tivemos a oportunidade de referir algumas vezes, devido às diferentes naturezas de cada tipo de buscador espiritual, a customização dos ensinamentos revela a sensibilidade pedagógica que a tradição utilizou para alcançar diferentes ouvintes e encaminhá-los no sendeiro do despertar. É por isso que a tradição budista se utiliza de variadas abordagens. Segundo o *Saddharmapundarikasutra*:

> Naquela vez, o mestre (o Buda),
> desejando reafirmar sua posição,

falou em versos, dizendo...ouça bem
Shariputra: o Dharma alcançado pelos
Budas é exposto aos seres humanos
através do poder de inúmeros expedientes
(upaya). Os pensamentos nas mentes
dos seres vivos, os vários caminhos
que eles trilharam, a natureza dos seus
variados desejos, os seus karmas, bons
ou maus, oriundos de vidas passadas,
o Buda os conhece completamente.
Usando situações, analogias, conceitos
e expedientes eficazes, eu causo a
alegria deles. *Eu posso falar através dos
sutras* (sutrani), *gathas* (gathas), *ou
acontecimentos passados* (itivrittakam),
histórias de nascimentos (jatakam),
maravilhas (adbhutam), *raciocínios
lógicos* (nidana), *canções* (geyam) *etc.*
(Saddharmapundarikasutra, cap. II,
41-45. *in* VAIDYA, 1960)

A passagem se encontra no segundo capítulo do *Saddharmapundarikasutra* e, sem dúvida alguma, não se trata de coincidência o fato de o capítulo em tela se chamar *"kaushalya upaya"* ("habilidade em métodos [para conduzir ao despertar]"). É importante frisar que, ao contrário da maior parte do texto, este ensinamento específico é declamado em *versos* pelo Buda, grafando e exemplificando a polivalência de métodos prevista e por ele ensinada. É fundamental sublinhar que, naquela passagem, o Mestre elenca os diferentes *upayas* (métodos) possíveis para se pregar o Dharma e se penetrar no sendeiro, o que, por sinal, se transformou num modo alternativo de dividir o cânone budista primitivo (naqueles sete tipos de registro literário ou modos discursivos), em vez da divisão tríplice mais costumeira (*sutra*, *vinaya* e *abhidharma*).

Assim sendo, é importante explorar aqui, também, uma forma de se aproximar da tradição que não seja nem ritual ou prática, mas que possua a sua eficácia. Nesse sentido, escolhemos como representante dessa abordagem literária ao Budismo a sua poesia, aqui representada pelo *Theragatha*, uma coleção de poemas (*gatha*) atribuídos aos antigos, aos anciões (*thera*) da Sangha mais arcaica, preservados em Páli. É interessante recordar que a recepção acadêmica ocidental moderna do Budismo tem tradicionalmente valorizado sobremodo o conteúdo dos sutras, os ensinamentos formais e, em menor escala, do vinaya, o código de conduta, em detrimento das outras modalidades de transmissão da tradição elencadas pelo próprio Buda mais acima. Tal fato não surpreende, na medida em que a tradição acadêmica ocidental sempre tendeu a valorizar os aspectos mais racionais do Budismo, naturalmente destacando no vasto *corpus* da tradição aquilo que mais se aproximasse dos seus modelos de abordagem religiosos e filosóficos, de sorte a criar uma ponte que lhe facultasse um melhor entendimento da tradição. Não obstante a perfeita legitimidade na valorização dos sutras e do vinaya, houve, num certo sentido, uma enorme negligência acerca da relevância daquelas outras formas de irradiação do Dharma, tais como as elencadas acima pelo próprio Buda, além da arquitetura, das artes plásticas e de outras formas possíveis de disseminação do Dharma. Tal cerceamento do escopo do vasto campo de produção intelectual e artística do Budismo parece ter tido como causa a tentativa de que ele correspondesse e entabulasse um diálogo com a nossa própria tradição de reflexão filosófica e ética. Ocorre que, nesse processo, se procurou filtrar e depurar da tradição budista os elementos mais alheios à nossa abordagem do fenômeno espiritual, o que parece ter criado uma supervalorização dos aspectos mais filosóficos e éticos em câmbio de uma visão mais equilibrada do vasto repertório de expedientes possíveis – alguns deles, artísticos.

A fertilidade e o impacto da poesia budista podem ser mensurados pela influência que ela exerceu desde o cânone Theravada, passando pelas figuras emblemáticas dos poetas budistas Ashvaghosha e Matriceta do tronco Mahayana, pelas poesias laicas e religiosas indiana, chinesa, japonesa e tibetana, até alcançar as poesias e prosas modernas e contemporâneas ocidentais de, por exemplo, Machado de Assis, Augusto dos Anjos, Jack Kerouac e Allen Ginsberg, Gary Snyder e tantos outros. Desconsiderar essa impressionante riqueza e vitalidade, além da já referida possibilidade de encaminhamento espiritual, parece apontar para um esquecimento de importantes mecanismos de difusão e prática e transmissão do Dharma. E é exatamente por essa enorme variedade de exemplos literários que a tradição registrou que se pode dar ao luxo de escolher um dentre centenas de possíveis exemplos, daí termos escolhido centrar nossas observações no *Theragatha*, que é um dos dezesseis textos que compõem o *Khuddaka Nikya*, "as lições menores" ou "miscelânea" de textos menores do *Sutra Pitaka* theravadin; menores – é bom esclarecer – em extensão, porém não em importância, na medida em que textos fundamentais da tradição, como o *Dhammapada*, as *Udana*, os *Jataka* e o *Itivukta* também lá se encontram. O *Theragatha* possui outro texto geminado, o *Therigatha*, poesia composta pelas anciãs (*theri*) da comunidade budista primitiva. O texto das *theri*, talvez a primeira coletânea de textos religiosos exclusivamente femininos da história da humanidade merece, dada a sua antiguidade e a tripla subalternidade da mulher no espaço da sociedade indiana antiga, no ambiente religioso indiano antigo e na própria comunidade budista primitiva –, uma atenção mais aprofundada: ouvir a voz e enxergar o rosto das *theri* é um projeto que promete importantes revelações acerca da discussão sobre gêneros na Índia e no seu ambiente religioso antigo.

O *Theragatha* deve ter emergido de uma tradição ou de um grupo de poetas convertidos à Sagha arcaica, além dos poemas esparsos produzidos pelos antigos que, apesar de não serem poetas, se utilizavam do gênero para cantar os seus testemunhos. Segundo Dhammapala (séc X), comentador do texto, o próprio Buda teria incentivado um desses poetas convertidos (Vangisha) a continuar compondo. Os *gathas* são um gênero poético indo-europeu clássico, também atestado em culturas correlatas indo-europeias antigas, tal como a literatura do zoroastrismo arcaico, conforme atesta o *Zendavesta*, boa parte dele preservado em *gathas*. De acordo com R.K. Norman, um dos maiores especialistas em dialetos indo-iranianos médios, os poemas devem ter sido compostos entre os séculos V e III a.e.c. pelos membros da comunidade budista mais arcaica, não se podendo afirmar com certeza em que língua teriam sido compostos, i.e., se em outra língua diferente do Páli, aquela em que os poemas foram preservados. Contudo, sejam quais forem os detalhes específicos acerca de sua composição, os poemas nos ensinam muito acerca da percepção que esses antigos possuíam de si mesmos, do Buda, do Dharma, da Sangha e de um enorme número de temas, como a natureza, o ser humano, o corpo etc. Os autores, segundo eles próprios, eram "homens levados pelo vento", de caminhantes de "braços e pernas magros e calosos, de veias saltadas", "amantes das matas", vivendo relativamente isolados ou juntos de alguns poucos discípulos, nas florestas e montanhas, em constantes práticas ascéticas, deixando-as somente para mendigar o seu alimento em aldeias próximas e, quinzenalmente, nas noites de lua nova e cheia, se reunindo com os seus irmãos e irmãs das comunidades mais próximas para a recitação coletiva das normas de conduta previstas no *vinaya* e também para a confissão pública das suas faltas individuais.

Esses renunciantes, convertidos do Hinduísmo ao caminho do Buda, cantavam suas vidas e crenças e, de forma pungente, suas dores, falhas e sucessos:

> Antes eu sacrificava e participava de sacrifícios;
> Um sujeito comum, cego: eu fazia o *aggihutta* (o sacrifício do fogo hindu), pensando: isso é pureza!...
> antes eu era devotado a *Brahmā*...
> (Theragatha, 221)

A renúncia do hinduísmo não se dava sem dores particulares: é o que um *thera* exprime ao cantar para a sua mãe:

> Mãe, chora-se por alguém que esteja morto,
> ou por alguém que, apesar de vivo, está distante.
> Por que, mãe, você chora por mim, vivo e presente? (Theragatha, 44)

A renúncia, todavia, não significava automaticamente a paz de espírito tão almejada. Num dos poemas mais dramáticos de toda a coleção, o *thera* Sappadasa canta:

> São vinte e cinco anos desde que eu renunciei.
> Neste período, nem mesmo por um instante eu tive paz...
> a mente nunca focada, sempre aflito pela sensualidade...
> Devo ou não pegar a navalha? Para que viver?
> ...então, sentado no leito, navalha sobre a veia para cortá-la,...
> aí, a razão surgiu, vi a perfeição do Dharma...
> minha mente se libertou! (Theragatha, 405-410)

Podemos sentir – quase tocar – toda a tensão de vinte e cinco anos de dores (*dukkha*) causadas pelo apego à sensualidade se acumulando e se condensando em poucas estrofes. O peso da ascese em busca do despertar e a consciência da incapacidade de alcançá-lo devido à força da sensualidade – o fogo da carne – emprestam ao testemunho contornos dramáticos, sendo que a economia do texto galvaniza, em cada palavra, a dor sentida. O testemunho é de uma imediaticidade tão pungente que a compaixão (*karuna*) pelo sofrimento é imediatamente despertada no leitor: *vemos* o humilde *thera* em sua pequena cela, sentado sobre o leito, com a navalha repousando sobre a veia; aquele momento de clímax da navalha pousada sobre o braço se resolve num desfecho dramático – o despertar (*bodhi*): toda a enorme tensão acumulada se resolve e se dissolve, enfim, na paz do *Nirvana*.

Os temas abordados pelos *thera* abrangem uma plêiade de aspectos: suas experiências imediatas de realização espiritual, suas reflexões escoradas nas doutrinas, a presença dos principais ensinamentos e práticas do budismo, as suas dores, os seus anelos, as suas rotinas de meditação, ascese, prédica, mendicância, além de descrições apaixonadas das matas e montanhas e dos seus habitantes, de elogios ao Buda, ao Dharma, à comunidade e – inesperadamente – a si próprios, bem como críticas e admoestações aos seus pupilos, leigos e à Sangha como um todo; enfim, encontra-se lá tudo aquilo que faz parte do universo daquela veneranda e antiga tradição de renunciantes na Índia antiga, na qual os autores estavam totalmente envolvidos.

Um dos aspectos fascinantes daquela poesia se revela, de forma inesperada, naqueles *gathas* que cantam a natureza em toda a sua extraordinária riqueza e beleza. A descrição detalhada, rimada e claramente apaixonada das exuberantes solidões naturais indianas nas quais aqueles homens viviam a maior parte do tempo – e quando lá não se encontravam, para lá ardiam em voltar – empresta um olhar amoroso sobre o mundo natural dos rios e das montanhas, da fauna e da flora que simplesmente abdica de toda e qualquer referência doutrinária ao Dharma. É aqui que se adivinha que alguns dos poemas, sem qualquer fundo de conteúdo doutrinário, se pretendem *celebrações meditativo-estéticas* daquela natureza que os circundava, isolava, protegia e alimentava. O cantar amoroso e poético daquele mundo natural não era exatamente uma novidade na cultura poética indiana antiga. Lembre-se o hinário védico, bem como tanto o *Mahabharata* quanto o *Ramayana*, os dois principais épicos indianos, em que algumas das aventuras e desventuras de seus respectivos heróis se passam nesses ambientes, descritas em capítulos inteiramente dedicados a cantar as mesmas solidões nas mesmíssimas matas montanhosas e nos bosques ribeirinhos frequentados pela Sangha budista. O elogio do Buda à meditação solitária nas florestas e montanhas só emprestava peso específico a este cantar. Se não, como compreender estes poemas:

> Essas rochas me encantam – belas,
> [sob] a cor das nuvens azuis,
> com riachos transparentes de água fresca,
> cobertos de pirilampos! (Theragatha, 13)

> As árvores no alto dos morros cresceram,
> bem regadas pelas nuvens de chuva no céu.
> Ah! Como elas fazem bem para Usabha
> (o autor),
> amante da solidão e das florestas!
> (Theragatha, 110)

> Essas rochas me encantam, com água
> clara
> e platôs cobertos de musgo,
> habitados por macacos e veados...
> (Theragatha, 113)

> Os pavões cantam – a beleza
> em suas faces, cristas e asas;
> com belos cantos e gritos;
> esta grande terra, bem gramada,
> com muita água – o céu, prenhe de
> nuvens... (Theragatha, 211)

> Quando a garça, com suas asas brancas e
> brilhantes,
> busca abrigo com medo da nuvem de
> tempestade,
> então o rio *Ajakarani* me deleita!
> A quem não deleitam os jambos às suas
> margens?
> Eles adornam as margens atrás da minha
> caverna... (Theragatha, 307-310)

Ora, como se pode notar, esses poemas abdicam claramente de toda e qualquer referência ao Buda, aos seus ensinamentos ou a qualquer outro detalhe que remotamente tenha a ver com o Budismo ou ascetismo. Contudo, naturalmente, a celebração da tradição é o ponto focal dos poemas. A figura do Buda emerge do *Theragatha* singularizada como símbolo último e exemplo emblemático da tradição. O Buda, também chamado de Shakyamuni, "o sábio do clã Shakya", o Tathagatha, *"tatha agata"* ["o que veio desta maneira" ou "para esta finalidade"]), o Bhagavan, "o mestre", o Buddha, "aquele que despertou", é aquele ser humano excelso que, assim como os Budas que o precederam e aquele que o sucederá neste ciclo cósmico, incorpora e materializa os ensinamentos e funda a comunidade de monges, monjas, leigas e leigos. O Buda, a comunidade e os ensinamentos – os três tesouros, as três joias (*trayaratna*) do Budismo – aliados às condições de vida e prática criadas pela comunidade, guiada e animada pela figura magisterial do Buda, uma vez assimilados e praticados, idealmente conduziria os buscadores ao gol, à meta principal, à libertação: no vocabulário budista, ao Nirvana.

> Por tolice, eu era viciado em ornamentos.
> Eu era convencido, vão e afligido pelos desejos.
> Por causa do Buda, *hábil em métodos*,
> irmão solar, eu, praticando corretamente,
> extirpei o desejo pela existência
> (Theragatha, 157-8).

> Homenagem ao Abençoado,
> ao glorioso membro dos Shakya;
> ele bem ensinou esta excelsa doutrina
> quando atingiu o estado supremo
> (Theragatha, 94).

> Os sete Budas se libertaram do desejo;
> sem apegos, mergulharam na aniquilação da dor.
> Essa doutrina foi ensinada pelos veneráveis,
> pelos que nela se aperfeiçoaram:
> as Quatro Nobres Verdades, (ensinadas)
> por compaixão aos seres conscientes:
> a dor, o seu surgimento, o caminho
> para a sua supressão e a extinção
> completa dela (Theragatha, 491-492).

> Eu servi ao mestre, honrei o Dharma e a
> Sangha (Theragatha, 178).

> Salve o Buda, salve os ensinamentos,
> salve a boa fortuna de nosso mestre!
> (Theragatha, 201)

> Quando se vê com sabedoria que todos os
> elementos constituintes são
> impermanentes (*anicca*),
> então se cansa da dor: este é o caminho
> da pureza.
> Quando se vê com sabedoria que todos os
> elementos são dolorosos (*dukkha*), então
> se cansa da dor:
> este é o caminho da pureza
> Quando se vê com sabedoria que todos os
> elementos são insubstanciais (*anatta*),
> então se cansa da dor:
> este é o caminho da pureza (Theragatha,
> 676-678).

Parece enriquecedora a possibilidade de se refletir acerca da poesia budista, pois, além do seu valor intrínseco estético como tema meditativo formal, aí se descortina a oportunidade de se aproximar da tradição por outras veredas, além daquelas contidas nos rituais ou nas práticas meditativas formais. Que o que foi dito aqui não se esgote no ambiente budista indiano ou no próprio Budismo. Acolher a fertilíssima tradição poética budista chinesa, tibetana e japonesa – para indicar a riqueza potencial somente nas mais literárias das culturas budistas – poderia representar a possibilidade, inclusive, de detectar uma tradição poético-espiritual acima de seus desdobramentos culturais específicos, quer em suas manifestações propriamente religiosas ou ainda no ambiente da poesia e da prosa laica, por todas as culturas por onde o Budismo se alastrou, podendo, na China e no Japão, incluir ainda a pintura e a caligrafia. Afinal, desprezar a fertilidade artística das tradições aludidas labora contra uma visão mais ampla das infinitas formas de suas manifestações religiosas ao longo da caminhada humana em busca de sentido e beleza.

Conclusão

O *Mahaparinibbanasutta* (Digha Nikaya, 16) é um sutra marcado por uma melancolia serena. Esse texto narra os últimos dias do Mestre, do Desperto, daquele que cruzou para a outra margem do rio. Acompanhado por Ananda, seu primo, auxiliar particular e fiel discípulo, eles percorrem juntos e pela última vez o Nordeste da Índia, local das perambulações originais da comunidade budista primitiva. E era isso o que o Buda vinha fazendo nos últimos quarenta e cinco anos: viajando, pregando, conversando, convertendo homens e mulheres para o excelente caminho, o Caminho do Meio, que conduziria aqueles que quisessem segui-lo para fora do turbulento rio do Samsara, para o remanso de onde não se retorna.

Num primeiro momento, o sutra narra o encontro do Buda com o Rei Ajatashatru, que havia assassinado o seu pai para assumir o trono. O rei, alheio a tudo, pergunta ao Buda como ele poderia derrotar a tribo dos Vajjias. Na sua presença, o desperto elogia as estruturas democráticas de poder daquela tribo, afirmando que, enquanto os Vajjias mantiverem a sua forma de governo, eles estariam seguros, exortando a Sangha a adotar as mesmas estruturas democráticas para a tomada de decisões importantes. Em seguida, passando por Pataligrama, uma cidadela recém-fundada, o Buda profetiza a sua grandeza futura, a capital do Império Maurya, Patna. Em Vaishali, o Buda almoça com uma das suas mais fiéis seguidoras pela última vez, a ex-prostituta Ambapali, que, após a refeição, dedica à Ordem o "Bosque das Mangueiras", de sua propriedade. Lá, ele diz a Ananda que em três meses ele irá abandonar, pela última vez, um corpo físico. Ao se aproximarem da pequena vila de Pava, Gautama aceita o convite do humilde ferreiro Cunda para que tomasse a refeição na sua casa. Em silêncio, Siddhartha aceita e, após retomar o caminho, começa a sentir as dores que marcarão o início da doença que, em alguns meses, lhe tiraria a vida.

Sabendo que o sendeiro se encurtava e as trilhas convergiam para o local derradeiro, Kushinagara, uma aldeia no meio do nada, o Buda pede a Ananda que espalhasse a notícia: ele iria, pela útlima vez, falar para aqueles que o haviam seguido pelas últimas décadas. Chegava a hora de se despedir da Sangha, da comunidade fraterna de irmãos e irmãs que ele havia reunido com um só objetivo, a libertação das dores. Ele iria se despedir daqueles que haviam abandonado a tudo e a todos, apaixonados pela promessa do despertar oferecida pelo Mestre inigualável. Assim faz Ananda. Ele envia mensageiros aos quatro cantos, para que o povo da mata, aqueles homens e mulheres que trocaram o turvo Samsara pela luminosidade do Despertar, se reunissem ainda uma útlima vez na presença "Daquele que veio e partiu". A última reunião e despedida dos alumbrados, daqueles que queimavam com a luz oriunda do clarear da mente. Ao cruzar a última montanha que conduzia ao bosque onde ele encontraria a paz final, o Buda para, volta-se para trás e diz: "foi um belo caminho, Ananda, esse que percorremos juntos pela Índia". Descendo a montanha, cansado, o Mestre pede que Ananda prepare as esteiras, para que ele possa se deitar. Ora sentado, ora deitado por causas das fortes dores, entre dois frondosos salgueiros, o Predestinado vai dar as últimas bênçãos e assistir à passagem interminável daquelas faces amigas que vinham lhe render a última homenagem em vida. Pela última vez, elas e eles iriam se prostrar perante aquele que havia redescoberto o Caminho do Meio, perante aquele que percebeu a dor de existir, enxergou o seu remédio e o partilhou com todas e todos aqueles dispostos a seguir o Nobre Caminho Óctuplo. Tentando evitar que o Buda se esforçasse demais com as conversas, Ananda impede que um renunciante converse com o Buda. O Mestre ouviu a situação; ele chama o renunciante Subhadda e lhe expõe o Dharma. Fascinado, Subhadda pede a iniciação formal. O Mestre o aceita na Ordem, o último a ser iniciado por Gautama em pessoa.

Era chegada a hora. Reunindo as suas forças, o Mestre, pela última vez, se senta na postura do lótus e começa a discursar: "Irmãos", a voz fraca chama. Pela derradeira vez a Sangha responde em uníssono, como tantas vezes ela fizera nas noites de lua nova do *Uposatha*, nas clareiras das matas indianas: "Sim, Venerável". O Bhagavan começa, aos poucos, o seu último ensinamento: "Monges, quando eu me for, vocês podem abolir todas as normas da Ordem. Não haverá um sucessor. Sejam uma luz para vocês próprios. Quando eu me for, o Dharma será o seu Mestre". Finalmente, com muito esforço, as últimas palavras vieram: "Eu afirmo isto para vocês, monges – é da natureza de tudo aquilo que é composto se desagregar – se esforcem sem cessar. Pratiquem sem cessar". O Buda, então, endireitou o corpo e, lentamente, ele começa a penetrar em estados meditativos cada vez mais profundos. Cada vez mais para dentro de si e para dentro do próprio tecido da realidade, aquela renda de luz diáfana de onde tudo surge e onde tudo volta a desaparecer. Um silêncio lacrimoso toma conta da mata, até que, pela última vez, o Iluminado exala. Ele já não era mais. Agora, restava somente a Sangha e, tão importante quanto aquela, o Dharma. As três joias jamais estariam reunidas de novo, a não ser dentro da mente daquelas e daqueles que, um dia, sonhariam com o despertar...

Dedicatória

Nossa aventura pelas veredas do Budismo chegou ao final. Como de costume, quando se termina um trabalho qualquer acerca do Dharma, partilha-se os possíveis méritos da ação. Assim, "se algum valor possui isto que foi feito, possa o seu mérito ser partilhado por todos os seres conscientes. Possam todas aquelas e todos aqueles que isto lerem desenvolver a prática do Dharma. Possam todos os seres se livrar do sofrimento. Possam todos os seres despertar!"

Namo Tassa Bhagavato Arahato Sammasambhudassa

"Salve o Abençoado, o Arahant, o Buda completamente Iluminado"

Referências bibliográficas

1. Fontes primárias

ASHVAGHOSHA. *Buddhacarita*. Tradução de Patrick Olivelle. New York: Clay Sanskrit Library, 2008.

CONZE, Edward. Buddhist texts through the ages. Oxford: One world, 1995.

DHAMMAPADA: The Buddha's path to wisdom. Translated by Acharya Buddharakkhita. Onalaska: BPS Pariyatti, 1990.

Digha Nikaya. The long discourses of the Buddha. Translated by Maurice WALSHE, Sommerville: Wisdom Publications, 1995.

Lankavatara Sutra. Ed. Bunyiu NANJIO, Kyoto: Otani Buddhist University, 1923.

Majjhima Nikaya: The middle length discourses of the Buddha. Translated by Bhikkhu ÑĀNAMOLI and Bhikkhu BODHI. Sommerville: Wisdom Publications, 1995.

NAGARJUNA, *Bodhicittavivāraṇa*. Edited and translated by Christian LINDTER. Berkeley: Dharma press, 1997.

Saddharmapundarikasutra. Edited by VAIDYA, P.L. The Mithila Institute of Post-Graduate Studies and Research in Sanskrit Learning, Darbhanga, 1960.

Theragatha. Poems of early buddhist monks. Edited and Translated by K.R. Norman, Oxford: Pali Text Society, 1997.

Udana & The Itivuttaka. Two classics from the Pali Canon. Translated by John Ireland. Candy, Sri Lanka: Buddhist Publication Society, 1997.

2. Literatura contemporânea

BUSWELL, Robert E. Jr. (ed.). *Encyclopedia of Buddhism*. New York: McMillan, 2004.

GETHIN, Rupert. *The early sayings of the Buddha. A selection of suttas from the Pali Nikayas*. Oxford: O.U.P., 2008.

GOMBRICH, Richard. *Theravada Buddhism, a social history*. New York: Routledge, 2005.

GOMBRICH, Richard. *How Buddhism began, the conditioned genesis of early. Buddhism*. New York: Routledge, 2005.

HARVEY, Peter. *An introduction to buddhist ethics*. Cambridge: C.U.P., 2000.

LINDTNER, Christian. *Master of wisdom*. Berkeley: Dharma Press, 1997.

NORMAN, K.R. *Pali literature*. Wiesbaden: Otto Harassowitz, 1983.

WALDRON, William S. *Buddhist uncounscious. The alaya vijñana in the context of Indian Buddhist thought*. New York: Routledge, 2004.

WALSHE, Maurice. *The Long discourses of the Buddha, a translation of the Digha nikāya*. Sommerville: Wisdom books, 1995.

WARDER, A.K. *Indian Buddhism*. Delhi: Motilal Banarsidass, 1997.

WESTERHOFF, Jan. *Nagarjuna madhyamaka, a philosophical introduction*. Oxford: O.U.P., 2009.

WIJAYARATNA, Mohan. *Buddhist monastic life*. Cambridge: C.U.P., 1990.

WILLIAMS, Paul. *Mahayana Buddhism, The doctrinal foundations*, 2nd ed. New York: Routledge, 2009.

WILLIAMS, Paul and TRIBE, Anthony. *Buddhist thought, a complete introduction to the Indian tradition*. London: Routledge, 2002.

Indicações de livros para conhecer mais sobre o Budismo

Apesar deste livro ter chegado ao seu fim, este fim pode ser um começo para alguns de vocês. Se você tiver interesse em ler mais sobre o Budismo Indiano, existem alguns bons livros em português e uma grande quantidade de sítios na Internet que oferecem um bom material. Um deles é o acessoaoinsight.net [em português], que viabiliza material de qualidade sobre as tradições indianas Theravada. Um outro sítio, que aborda todas as vertentes e escolas de todos os troncos da tradição, tanto as indianas como as outras, é o dharmanet.org [em inglês]. Caso você esteja interessada ou interessado em alguma tradição específica, procure visitar um centro budista da referida tradição. Contudo, se você estiver interessado em saber um pouco mais da tradição budista indiana pela boca do próprio Buda, eu recomendo o livro *Nas Palavras do Buda*, lançado em 2020 pela Vozes. Trata-se de uma excelente coletânea de suttas Páli organizada e comentada por Bhikkhu Bodhi, um monge budista famoso por suas traduções e comentários. Outros bons textos introdutórios ao Budismo não sectário de qualidade, disponíveis em português são:

HARVEY, Peter. A tradição do Budismo: História, Filosofia, Literatura e Práticas. São Paulo: Cultrix, 2013.

YOSHINORI, Takeushi. A espiritualidade budista I: Índia, Sudeste Asiático, Tibete e China. São Paulo: Perspectiva, 2006.

Finalmente, existem boas introduções aos textos budistas sectários (theravada, zen, tibetano etc.), assim como de mestres específicos (Thich Nath Than, Shunryo Suzuki, Dalai Lama, Geshe Gyatso e Chogyam Trungpa, por exemplo).

Coleção Religiões em Sete Lições

Coordenadores: Volney J. Berkenbrock
　　　　　　　　Dilaine Soares Sampaio

– *Budismo em sete lições*
Clodomir B. de Andrade

– *Espiritismo em sete lições*
Marcelo Ayres Camurça